（让孩子们心动的故事）

Open the door of wisdom

打开
智慧之门

燕子 主编

哈爾濱工業大學出版社
HARBIN INSTITUTE OF TECHNOLOGY PRESS

图书在版编目(CIP)数据

打开智慧之门 / 燕子主编. — 哈尔滨：哈尔滨工业大学出版社，2016.1
　（让孩子们心动的故事）
　ISBN 978-7-5603-5395-1

Ⅰ. ①打… Ⅱ. ①燕… Ⅲ. ①童话 – 作品集 – 世界 Ⅳ. ①I18

中国版本图书馆 CIP 数据核字（2015）第 114389 号

让孩子们心动的故事

打开智慧之门

策划编辑	甄淼淼
责任编辑	郭　然
文字编辑	葛文婷　苗　青
装帧设计	麦田图文
美术设计	Suvi zhao　蓝图
出版发行	哈尔滨工业大学出版社
社　　址	哈尔滨市南岗区复华四道街 10 号　邮编 150006
传　　真	0451-86414749
网　　址	http://hitpress.hit.edu.cn
印　　刷	牡丹江邮电印务有限公司
开　　本	889mm×1194mm　1/32　**印张** 5　**字数** 60 千字
版　　次	2016 年 1 月第 1 版　2016 年 1 月第 1 次印刷
书　　号	ISBN 978-7-5603-5395-1
定　　价	16.80 元

（如因印装质量问题影响阅读，我社负责调换）

嘿,亲爱的你,最近心情怎么样?晴空万里,还是阴云密布?或许你到了有"心事"的年龄了,让我猜猜,都有哪些烦心事呢?

是不是你被家长或者老师说,不合群、不愿与人分享、不爱思考、不愿和人交往、不相信他人、做事情拖拉、不注意安全、不守信用、不自信等。

嘿,别担心,快翻开这本让无数孩子心动的故事书,神奇的魔力会让懒惰变勤奋、说谎变诚实、懦弱变勇敢、哭泣变微笑……

嘿,成长就是这样,笑对生活,学会分享,让烦恼消失,让快乐回来!

- 宝贝女儿 6
- 聪明的阿凡提 14
- 聪明的农家女 22
- 狐狸列那的故事 34
- 狼看上了羊 44
- 买椟还珠 50
- 十二生肖 56
- 机智的老山羊 64
- 聪明的巴赫鲁 70
- 大拇指汤姆 80
- 十二个跳舞的公主 96
- 跳蚤和教授 108

目录

- 聪明的格蕾特 148
- 乌鸦喝水 134
- 聪明的小裁缝 136
- 跳高者 140
- 小克劳斯和大克劳斯 116
- 幸运就在一颗扣子上 128

Contents

宝贝女儿

很久以前,有一对夫妻只有一个女儿,他们对这个女儿百般宠爱。

为了不让女儿累着,他们每天都要抱着女儿;为了不把女儿吓着,他们甚至不敢在女儿面前大声说话。不睡到中午,小女孩儿绝不会从床上爬起来。

小女孩儿即使起床了,也不会自己穿衣、洗脸、梳头;即使饿了,也要等到母亲端上饭菜一口一口地喂给她吃。

邻居们看到这一切后对女孩儿的父母说:

"你们完全把女儿当成了一件宝贝,像对待宝贝那样对待她,看来我们应该称呼她'宝贝女儿'了。"

日子一天天过去,宝贝女儿渐渐长大了,除了吃饭和睡觉,她什么事也不愿意做。

终于,宝贝女儿到了需要谈婚论嫁的年纪,许多媒人都登门拜访。每当有媒人前来拜访,宝贝女儿的母亲都会对媒人说:"我从不让女儿干一点儿活,也从不用她自己走路。当女儿感觉饥饿时,我会将食物一口一口地喂给她;当女儿感觉寒冷时,我会在炉子旁边放上一个凳子,然后把女儿放在凳子上。要是有人能够做到这些,我便把女儿嫁给他。"

媒人们听到宝贝女儿母亲的话,不禁害怕起来。她们心想:"真是没有想到,天底下竟会有这样的事。为这

样的女孩儿说媒,简直太难了。"

于是,媒人们纷纷离开了宝贝女儿的家,再也不愿意来了。

看到再没有媒人前来拜访,宝贝女儿的父母不禁有些着急。就在这时,一个青年来到了宝贝女儿的家。

青年对宝贝女儿的母亲说:"尊敬的太太,我多么希望能够和您的女儿在一起。"

"我真高兴,你能这样想,不过我想你并不了解我的女儿,就请你听听我女儿的生活习惯吧。"宝贝女儿的母亲说。

"除了吃饭和睡觉,我的女儿几乎没有做过家务,就连吃饭也是我们一口一口地喂给她。我们从不让她在地上走路,当她从睡梦中醒来,我们会亲手给她穿上衣服、洗脸、梳头……这些事你能够做到吗?要是你能做到,我便答应你和我女儿的婚事。"

"我想我完全能够做到,就请您放心地把

女儿交给我吧。"青年说。

宝贝女儿的父母听到青年的话很高兴,便把宝贝女儿嫁给了他。

宝贝女儿和青年结婚后的第二天早晨,青年便去农田里干活了。出门前,青年对墙上挂着的一把斧子说:"斧子,我就要出门干活了,拜托你把屋子收拾好,把饭菜做好。当我走到院子中央时,你要出来迎接我。当我走进房间时,你要给我脱下鞋子,还要给我倒上一杯茶。"说完这番话,青年便出门了。

天渐渐黑了下来,青年回到家,这时他发现斧子什么事也没有做。青年觉得,斧子完全没有把他的话放在心上,不禁十分生气。

于是,他狠狠地把斧子摔在了地上,大声喊:"难道我说的话你没

有听到吗?难道你就这样不愿把我的话放在心上吗?如果你还敢这样,我一定要给你点颜色看看了!"

第二天,青年依旧很早就出门了,在出门前他依旧对斧子说:"斧子,我就要出门干活了,拜托你把屋子收拾好,把饭菜做好。当我走到院子中央时,你要出来迎接我。当我走进房间时,你要给我脱下鞋子,还要给我倒上一杯茶。"

说完这些话,青年又出门干活了。

这时候宝贝女儿已经醒来了,她清楚地听到了青年说的话,宝贝女儿心想:"这些话一定是说给我听的。要是我还不起来干活,恐怕我就会像斧子一样被摔在地上,要是那样简直太可怕了!"

想到这里,她便赶紧起床,开始做起了家务。

这天，宝贝女儿不仅收拾了屋子，还做了一桌美味的饭菜，连碗筷都摆放好了。

当青年走到院子中央时，她高兴地牵着青年的手走进屋里，又为青年脱去了鞋子。看到美味的饭菜，青年高兴地对宝贝女儿说："亲爱的妻子，我真高兴你能做到这些。"

"亲爱的丈夫，你一定饿了吧？现在我们该吃饭了。"宝贝女儿边说着边给青年夹了些青菜。

吃完饭，宝贝女儿又对青年说："亲爱的丈夫，你瞧，现在我们过得多好，我再也不想看到墙上挂着的那把斧子了，拜托你把它拿走吧。"

"亲爱的妻子，你说得简直太对了。"说完，青年便将斧子从墙上拿了下来。

多年后的一天，青年的邻居对他说："你真是幸运，能够和这样勤劳的人在一起生活。"

和爸爸、妈妈一起分享

宝贝女儿在没出嫁时那么懒惰,简直比"饭来张口,衣来伸手"还要夸张,可是等到她嫁人后,却可以做家务了,可见宝贝女儿是可以勤快起来的。

这其中的原因就是父母的溺爱,让宝贝女儿失去了基本的生活能力。嫁给了青年后,青年不再溺爱宝贝女儿,而是让她学着做家务了。

从家庭角度来说,青年的做法是十分聪明的。他没有和宝贝女儿发生冲突,却能够机智地告诉她需要做家务,最后让宝贝女儿养成了良好的生活习惯。

家长们在生活中与孩子相处也要注意这一点,不要孩子一不听话就大声吼叫、责骂,采取一些缓和的方法,也能纠正孩子的错误,教育好孩子。

鸡西市初中语文老师　曹庆文

小朋友,关于这个故事你有什么话要说,写到下面吧!

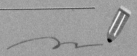

轻松一下 Game

脑筋急转弯

1. 什么书在书店买不到？（　　）

2. 伟人一般都出生在哪里？（　　）

3. 一个正方体的盒子有几个面？（　　）

4. 哪个月有28天？（　　）

5. 什么东西买的人知道，卖的人知道，用的人不知道？（　　）

6. 经理最擅长的菜是什么？（　　）

7. 15个橙子分给12个小朋友，怎样分才更公平？（　　）

8. 小强的妈妈有三个儿子，大儿子叫大毛，二儿子叫二毛，三儿子叫什么？（　　）

答案：1.秘书；2.医院里；3.once，四面楚歌；4.每个月都有28天；5.棺材；6.炒鱿鱼；7.榨成果汁；8.乐乐，叫小强了。

聪明的阿凡提

从前,有个人名字叫作阿凡提,他不仅聪明,而且胆子很大。凭借着智慧,阿凡提帮助人们解决了很多难题。

当时人们正遭受着国王的欺压,却因为害怕被国王责罚,所受的委屈从不敢说出口。阿凡提听说了人们的遭遇后,心中十分气愤。他可不在乎自己会遭遇什么危险。于是,阿凡提便骑着一头小毛驴,走到哪里就把国王的错事说到哪里。

没过多久,各地的人们就听说了国王的恶

言恶行,人们偷偷把国王的所作所为当作茶余饭后的谈资,小声议论起了国王。

国王知道后,心里气愤极了,他问侍卫:"那些话到底是谁说出来的?"

侍卫回答说:"尊敬的国王,那些话是一个叫阿凡提的人说出来的。"

国王听了侍卫的话更加惊讶了,他继续问:"阿凡提到底是怎样的一个人?"

侍卫回答说:"阿凡提是一个再普通不过的人。"

国王听了侍卫的话决定不再容忍,他大声地对侍卫说:"我命令你快去把他抓来,我倒要看看他的胆子到底有多大,他到底有什么本事?"

没过多久，侍卫便把阿凡提带到了国王面前。国王对阿凡提说："听说你是一个十分聪明的人，想必你一定知道天上到底有多少颗星星了？"

国王暗暗地想："这是一个多么难的问题。这回阿凡提一定会被我难住，我倒要听听他会怎样回答。要是他回答不上来，我就可以惩罚他了。那样就再也不会有人敢公开反对我了，看来好戏就要开场了！"

可没过多久，国王的幻想便破灭了。阿凡提镇定自若地说："天上的星星就和您的胡子一样多。"

听了阿凡提的回答，国王很不甘心，于是他再次问："那么我的胡子有多少呢？"

阿凡提停顿了一下说："您看到我骑的这头小毛驴了吗？这驴尾巴上有多少根毛，您的胡子便有多少，要是您还有所怀疑，就亲自去数一数好了。"

听了阿凡提的话,国王心中不禁燃起了一团怒火。他愤怒地对侍卫说:"这个阿凡提简直太可恶了,竟敢把我的胡子和驴尾巴

上的毛相提并论,这是对我极大的侮辱,看来我今天必须要惩罚他了,你快去把他拉出去杀头。"

阿凡提却一点也不害怕,反而哈哈大笑起来。国王吃惊地问:"阿凡提,你在笑什么?你的头就要被砍下来了,你还有心情笑!我真是不明白你脑子里到底在想些什么?"

阿凡提回答说:"尊敬的国王,我在想,我并不害怕死亡,这件事我很早就知道了,可您就不一样了,您可是这个国家的国王,要是您知

道您的寿命就比我多一天,您还会开心吗?这将是一件多么可怕的事!"国王生气地说:"死到临头了,还说谎?"

"尊敬的国王,要是您不相信,我也没办法。不然咱就试试,看看今天您杀了我,明天死的是不是您!"

听到阿凡提的话,国王被吓得有些发抖了,他害怕地说:"哦,天哪,我真是没有想到,我的命运会如此悲惨，我竟然只能比你多活一天。看来我不但不能杀了你，还得让你活更久，最好是一万年，为此我愿意把我的金银财宝分给你一些。"

说着，国王便把侍卫叫了过来，命令侍卫说："你快把阿凡提放了吧！"

后来，国王果真给了阿凡提许多金银财宝，不过阿凡提并没有将这些金银财宝留给自己，而是送给了穷人。

和爸爸、妈妈一起分享

"人们都不敢批评国王，只有阿凡提敢。我觉得他是一个勇敢的人，同时他还是一个机智的人，简直没有比阿凡提更有智慧的人了。"听完故事后，小煜激动地说。

"为什么这么说呢？"我问。

"不仅因为国王提出的难题，阿凡提都能一一化解，还因为阿凡提批评了国王，国王却不敢惩治他，还要送他珠宝。哈哈，真是太有趣了。"小煜说。我点点头，阿凡提确实勇敢又智慧。

"妈妈，我也要像阿凡提一样。"小煜继续说。我点点头。

"那么我首先要像阿凡提一样，有一只小毛驴！"小煜转着眼睛对我说。

我可不会点头喽！等你像阿凡提一样有两撇胡子的时候再说吧！

南京市李香煜妈妈　李富秋

小朋友，关于这个故事你有什么话要说，写到下面吧！

轻松一下 Game

阿凡提

纳斯尔丁·阿凡提究竟是真实的历史人物，还是一个流传于民间的虚构人物，从来都是众说纷纭。

传说阿凡提是土耳其人。他了解天文地理，兼顾数家学问，无所不知。

民间一直有许多关于阿凡提的趣闻，土耳其著名作家和诗人拉米依，早在16世纪就把纳斯尔丁·阿凡提的趣事记录下来，编辑成《趣闻》一书出版。

在人们心目中，阿凡提是智慧的化身，欢乐的化身，只要一提起他的名字，仿佛就能看到，他骑着小毛驴，给人们带来欢笑。

阿凡提嘲笑庸俗的凡人、投机的商人、受贿的法官、伪善的坏人等，他让贪婪的巴依老爷、国王望而生畏……一句话，他嘲笑那些假仁假义的人。

聪明的农家女

有一个农民,一天他在田地里锄草时,捡到了一个臼(舂米的器具)。

农民对女儿说:"亲爱的孩子,国王给了我们土地,让我们不再忍受饥饿的折磨,我们没有理由不把这个臼献给他。"

可他的女儿却说:"亲爱的父亲,我可不这么认为。我觉得要是您把这个臼献给了国王,国王一定会问'你还有没有找到什么别的东西?'要是您说没有,事情恐怕就会变得麻烦了。不如我们再找一找杵,把它们配成一套,再献给国

王好了。"

尽管农民的女儿这样说,可农民却认为完全没有必要担心。于是,他不顾女儿的反对,来到了王宫。

农民说:"尊敬的国王,感谢您给了我们土地,让我们的生活过得更好。为了表示对您的谢意,我十分愿意将这个纯金的臼作为礼物送给您。"

"难道就只有这样一个臼,没有发现其他什么东西吗?"国王问。

农民回答说:"这个臼是我在土地中发现的唯一的东西。"

"这绝不可能是真的！我觉得还应该有一个杵才对，看来你欺骗了我。"国王说。

农民说："尊敬的国王，请您相信我，除了臼，我确实没有发现什么别的东西。"

"看来我只有把你关起来，让你在监狱里仔细回想一下了，也许到时候你就能想起来了。真是没有想到你竟然敢欺骗国王。"国王生气地说。

农民便被国王关进了监狱。

农民很难过，他不停地喊道："亲爱的女儿，你说的话简直太有道理了。我真是应该听你的话，等找到杵之后再一起献给国王。可现在一切都晚了，恐怕我再也不能从这里出去了。"

"真不知道他在说什么，真是个奇怪的人，或许我应该把他说的话禀报给国王。"一个狱卒默默地说。

很快，他便将农民说的话禀报给了国王，国王对农民说："要是你的女儿真像你说的那

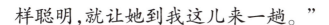

样聪明,就让她到我这儿来一趟。"

不久,农民的女儿便听到消息,赶到了王宫。国王望着农民的女儿说:"听说你是一个十分聪明的人,我要考考你,让你猜个谜语,要是你猜中了,我就娶你为妻。"

农民的女儿回答说:"我十分愿意接受您的考验。"

"你从家到我的王宫来,既不能穿衣,又不能光着身子;既不能骑马来,又不能走路,同时,你既不能走在路上,也不能走在路外。你会怎么办呢?"国王问。

"我想我很快就会给出令您满意的答案。"农民的女儿回答。

回到家中,农民的女儿脱下了衣服,然后拿来一张大渔网钻了进去,又

让别人帮忙租来一头驴，把渔网拴在驴尾巴上，让驴在车辙里走，最终来到了国王面前。

"哦，天哪，你竟然猜出了答案，你的确是个聪明的人。现在看来我必须要兑现诺言，让你成为我的妻子，你的父亲也可以被释放了。"国王说。就这样，农民的女儿嫁给了国王，成了王后。她的父亲当然被释放了。

一天，国王去检阅军队时，看见一个赶马车的农民和一个赶牛车的农民在吵架。他听到赶马车的农民说："这马驹一定是我的马生下来的，它应该属于我。"

可赶牛车的农民却说："上帝啊，您听，他在欺骗无知的人们呢！这马驹一定是我的牛生下来的，它应该属于我。"

这时，他们看到国王缓缓走来。于是对国王说："尊敬的国王，您有什么意见呢？您是如何评判这件事情呢？"

国王回答说："我认为那小东西现在在哪里，就应该被留在哪里！"现在那头小马驹恰好躲在两头牛中间，这样一来赶牛车的农民便得到了马驹。

赶马车的农民失去马驹，心中十分难过。不过他听说王后是一个善良又富有智慧的人，于是他来到王后面前，对王后说："尊敬的王后，听说您是一位善良又聪明的人。现在我遇到了麻烦，您愿意帮助我吗？"

王后问："到底发生了什么事，要是你愿意相信我，就说出来吧！"

赶马车的农民便把事情如实告诉了王后。

王后说："原来你是为失去马驹而烦恼，我可以帮助你，不过你千万不能对国王说这是我的主意。"

"我能信守承诺。"赶马车的农民说。于是,王后便告诉了赶马车的农民,他到底应该做什么。

第二天,农民来到国王检阅军队的必经之路,开始打起鱼来。国王经过这里时看见了,便问:"你在这里干什么?"农民回答说:"打鱼呗!"国王听后哈哈大笑,说:"真是个傻子,水都没有,怎么打鱼?"农民回答:"能打,就像牛能生小马驹一样。"

国王听了农民的话,仔细看了看,认出这是昨天赶马车的那个农民。国王非常生气,说:"原来是因为昨天那匹小马驹的事情啊,想要回来那是不可能的,我说的话、做的事从来都不能更改,不就是一匹马驹吗?我会赔给你钱的。不过你竟然敢顶撞我,我想你一定没那么大的胆子,快说是谁给你出的主意?"

农民说:"尊敬的国王,这办法完全是我自己想出来的!"

可国王不相信,他派士兵打了农民一顿,农民终于无法忍受身体上的疼痛,说出这一切是王后的主意。

国王回到王宫便生气地质问王后:"难道我对你不好吗?我真没想到,你竟然为了一个陌生人对付我,你简直太令我失望了。现在我命令你离开这里,不过我允许你带走一件你最心爱的东西。"

"谢谢您,我希望我们最后喝一次酒吧。"王后哀求道。

国王说:"那好吧,我就满足你这个愿望。"

喝完酒,国王便醉得不省人事,昏睡过去了,王后派人驾着马车把她和国王送回了自己原来的家。

转眼间过去了一天一夜,国王终于醒了,

他环顾四周,吃惊地问:"我现在在哪里?"

这时候,王后走到床前,对国王说:"亲爱的国王,这里是我的家。您不是告诉我可以带走一件最心爱的东西吗?在我看来,您就是我最心爱的东西,于是我把您带了回来。"

听了王后的话,国王感动地说:"我真高兴你会这样想,看来之前是我误会你了。既然我是你最心爱的东西,那么现在就请你和我一起回王宫吧,我再也不愿和你分开,你依旧是我亲爱的妻子。"

说完,国王便把王后带回了王宫。

和爸爸、妈妈一起分享

国王真像一个小孩子,得不到成套的玩具,就要惩罚别人;对于事情,随自己的喜好判断;对王后也没有稳定的情感。

可是对于这样一个"小孩子"国王,王后处理得就非常好。她没有直接指出国王的错误,甚至不需要和国王争吵,国王就乖乖地明白了道理,并且改变自己。

真是一个有大智慧的女人。同样,在家庭中,女人也是处在一个如此重要的位置。女人既是家庭的黏合剂,也是润滑油。家庭成员之间有了摩擦,她要化解矛盾,并且把家庭成员牢牢地团结在一起。

真是不容易呀,不过有聪明女主人的家庭,通常都是幸福又和睦的。

哈尔滨市陈润熙妈妈 李玉静

小朋友,关于这个故事你有什么话要说,写到下面吧!

_____
_____
_____

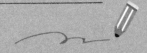

名人名言

巴斯卡

智慧胜于知识。

达·芬奇

人的智慧不用就会枯萎。

普劳图斯

个人的智慧只是有限的。

夸美纽斯

书籍是培植智慧的工具。

玉外纳

智慧首先教人们辨别是非。

薄伽丘

人类的智慧就是快乐的源泉。

克雷洛夫

没有智慧的蛮力是没有什么价值的。

培根

谚语可以体现一个民族的创造力、智慧和精神。

牧羊人过河

从前,有一个牧羊人带着一只狗和两只羊来到了小河边。小河的水流湍急,牧羊人有很重要的事要到小河的对岸去。

可是河上没有桥,只有一条小船,而且船很小,一次只能带一只动物。一个现实的问题难住了牧羊人。因为他一次只能带一只动物,而他要是将狗和羊放在一起的话,又怕狗会把羊吃掉。望着湍急的河水,牧羊人不知所措。同学们,请你帮牧羊人想一想,有什么办法能把狗和羊都安全地带到河对岸去呢?

答案:牧羊人先把羊带到对岸,然后自己一个人划船回来;再带狗到对岸,然后把羊带回来,放下羊,带另一只羊到对岸,最后自己划船回来,带狗到对岸,最后自己划船回来,再把羊带到对岸。回去接羊。

狐狸列那的故事

冬季的一天,天很冷,天空就好似被盖了一层棉被一样,看起来昏昏沉沉的。北风呼呼地刮着,发出一声声怒吼,雪花簌簌地从天空飘落下来。这场雪已经下了好几天,却还不愿停下来。

狐狸列那家的橱柜空了,里面没有任何可以吃的东西了。

列那的妻子不停地叹息着,她对列那说:"亲爱的丈夫,我们家已经没有什么东西可以吃了,这可怎么办?我不希望看到我们的孩子饱受饥饿的折磨,可我又能做些什么呢?再好的主妇也做不出没有米的饭呀!"

列那安慰妻子说:"亲爱的妻子,别难过,就让我出去碰碰运气吧,我想上帝一定不会丢下我们不管的,或许好运就要来了。"

"亲爱的丈夫,愿上帝保佑你,希望你能够满载而归。"列那的妻子望着列那说。

"我会尽快回来的,亲爱的妻子,别担心。"列那说。

列那冒着风雪来到树林里,他找了很久都没发现吃的东西。就在他失望地坐在地上的时候,一股诱人的鱼味随风飘来。

列那暗暗地想:"哦,这不是生鱼的味道吗?真不知道这生鱼味是从哪里传出来的?或许我和妻子还有孩子们就要有生鱼吃了,这是一件多么令人兴奋的事情!"

列那放眼望去,发现一辆马车从远处驶来,车上装着满满的两筐鱼。

"可我要怎样才能够把鱼带回家呢?我们可是最富有智慧的动物,绝不会被轻易难倒的!我要快点想个办法了。"列那自言自语地说。

忽然他似乎想到了什么,只见他摇身一变,把自己变成了一只"死狐狸"。列那屏住呼吸躺在了马路上,马车也正好在这个时候从他身边经过。

这时,从车上下来两个商人,他们见到了狐狸,高兴地说:"上帝呀,感谢您让我们交上了好运,真没想到我们竟会捡到一只饿死的狐狸,要是我们把狐狸的皮毛卖给皮货商,他一定会给我们不少酬劳!这是一件多么令人高兴的事！"说着，他们便把列那扔到了鱼筐边，继续驾驶马车向前走。

到了马车上，列那睁开眼睛，小心翼翼，尽量不让自己弄出声音，紧接着，他悄无声息地用锋利的牙齿把一个鱼筐咬破了。鱼从破了的筐边掉出来，看到新鲜的生鱼，列那马上扑到生鱼上面，大口大口地吃了起来。

只一小会儿，他便吃掉了至少三十条鲱鱼，尽管鱼身上没有任何佐料，可列那毫不在乎，迅速消灭了一整筐鱼。

很快，列那便将注意力转移到了另一筐鱼上，他心想："现在我该带些鱼给我的妻子和孩子们了。他们一定在饿肚子，我多么希望他们也能够吃到这样美味的鱼。"

列那拿起另一筐中的一条鱼，咬了一口，自言自语地说："这鱼真是新鲜，我想我的妻子和孩子们一定会喜欢的。"

"可我要怎样才能把鱼带回去呢？"列那思

索了一会儿,恍然道:"这还不简单吗?马车上一定会有绳子,不如我就用绳子把鱼串起来好了,那样鱼儿看起来就像一串项链,我就可以把它们挂在脖子上带走了。"

说着,列那便行动起来。他很快就把一切做好了,便轻轻地跳下了马车。尽管他的动作已经很轻了,可还是弄出了一点儿声音。

听到声音,商人们立即把马车停了下来,这时他们才发现车上的"死狐狸"已经不见了。

正当他们满是疑惑的时候,列那对他们说:"感谢你们让我吃到了美味的鱼,上帝一定会眷顾你们的。我会祈祷,求上帝让皮货商少付一些报酬给你们。"

商人们这时才发现自己被狐狸欺骗了,他

们急忙去追,可列那早已跑得很远了。看着列那渐渐消失,商人们发出了一声叹息,他俩无奈地跺着脚。

列那飞快地跑着,没过多久便回到了家,他们一家人紧紧相拥,开心地笑了起来。

列那的妻子说:"亲爱的丈夫,你脖子上的项链是我见过最珍贵的礼物了。我真高兴你能够找到这样美味的食物,我想你一定冻坏了吧,就让我为你洗洗脚吧。"说着,她便端来一盆水,弯下腰,为丈夫洗脚。

"孩子们,你们一定饿了吧,快去把火生起来,一会儿我们就有美味的

烤鱼吃了。"孩子们听到妈妈的话,便忙了起来。不一会儿,整条的鲱鱼就被切成了若干个小块放在火上烤了起来。

现在,鲱鱼散发的香味弥漫了整个屋子。

和爸爸、妈妈一起分享

"列那好狡猾,竟然偷吃商人的鱼。"小·西说。

"它也是为了养家糊口,没办法,就像我为了养你,也会努力工作,不嫌苦、不怕脏一样。"我告诉小·西。

"哦……"小·西想了很久,在我以为他被父爱如山的感情深深感动的时候,他悠悠地说:"我也想吃鱼了,你也去弄一筐呗,'列那'爸爸。"

唉,这孩子怎么净想着吃呢?我想想故事内容,对他说:"弄鱼没问题,问题是弄回来,你要帮着生火、做饭哦,'列那'的儿子!"

看着他想吃鱼却不愿意帮忙,一脸纠结的样子,我心里暗爽。

重庆市王浚西爸爸 王朝龙

小朋友,关于这个故事你有什么话要说,写到下面吧!

轻松一下 Game

成语游戏

在下面的空格里填上适当的字,看看这些字可以重新组成什么成语。

	诞	不	经
	独	有	偶
	微	言	轻
	雾	缭	绕

	起	平	坐
	人	后	尘
	云	直	上
	淡	风	轻

	古	非	今
	同	寻	常
	高	和	寡
	言	不	讳

	箭	双	雕
	金	收	兵
	天	动	地
	言	可	畏

看图猜成语

从下面的汉字中选择能表示图中意思的成语填到空格中。

鸣	飞	起	独	犬	闻	狗	立
鸡	群	打	舞	金	相	立	闻
盗	木	飞	跳	狗	呆	若	蛋

答案：呆若木鸡。

狼看上了羊

一只小羊到溪边喝水,被一只狼看见了,狼心想:"我简直太幸运了,上帝让我在饿肚子的时候遇到一只羊,羊肉可是这世上难得的美味,可我要怎样才能吃掉他呢?"

狼这么想,是因为他也有难言之隐,他自言自语地说:"要是我找不到合适的理由,贸然就把羊吃掉,森林之王一定会因为我破坏了森林里的规矩,狠狠地惩罚我,那样可就糟了。"

狼思索了很久,终于想出了一个主意。他故意装出十分生气的样子,对小羊说:"你这个小家伙,为什么要到这里来?难道你不知道这条小溪里的水只属于我吗?你的胆子简直太大了,竟敢跑到这儿来把我的水搅浑,现在我必须要教训你了。"

小羊听到大灰狼的话不禁吓了一跳,可没过多久他就想明白了事情的经过,他知道狼在找茬,小羊快速地冷静了下来,他温柔地说:"狼先生,拜托您不要生气,我想我很快就会成为您口中的美味了,要是您相信我,就请允许我再说两句话吧。"

"当然可以了,就凭你,根本不能从我的眼皮底下逃脱!"狼自以为是地说。

小羊机智地说:"瞧,您现在站在溪的上游,水是从您那儿流到我这儿的,我怎么可能会弄脏您的水呢?"

狼听到小羊的话竟然愣住了,一时想不到该说些什么。他暗暗地想:"真是没有想到,这家伙竟然这样聪明,看来我不得不找些别的理

由了。"

狼停顿了一下说:"即便是这样,那另外一件事呢?我想你很难说这件事和你无关。"

小羊吃惊地问:"另外一件事?我真不明白您到底在说什么?"

"难道你敢说去年你没有在背地里说我的坏话吗?"狼问。

小羊说:"去年?那是绝对不可能发生的事!去年我还没有出生,又怎么会说您的坏话呢?"

"如果不是你,那就一定是你父亲了,不过这对我都是一样的,我看你还是乖乖地成为我的美味吧,我的口水都要流出来了!"说着,凶狠的狼便伸出锋利的爪子向小羊扑了过去。

小羊急忙躲闪,他像箭一样迅速地向岸边跑去。狼立刻追了上来,结果脚底一滑,扑通一声掉到了溪里。狼不会游泳,不一会儿就淹死了。

"刚才那一幕真是惊险,差一点儿我就成为狼的午餐了,不过现在可恶的狼已经掉到河里淹死了,我可以放心地回家了。"小羊用智慧拯救了自己的性命。

和爸爸、妈妈一起分享

儿子是个小贪吃鬼，每次给他讲故事我就犯难。

故事里面，一出现羊，不管内容是什么，他总是大喊："我要吃羊肉！"一出现牛，就会听到："我要吃牛肉，酱牛肉！"

上次参加他的公开班会，有同学讲故事提到小牛、小鸡、小鸭，他都没嚷着要吃牛肉、鸡肉、鸭肉。看来这小坏蛋就是故意不想好好听我讲故事！

今天讲这个小羊的故事时，他果然又要羊肉了。我笑着拿出早就准备好的烤羊腿给他。他尝了一口，说："辣。"

当然辣了，我多加一罐辣椒酱呢！

我告诉他浪费粮食可不是好习惯，想要下次还有羊肉吃，这次就不能浪费，不是你要的羊肉吗？好好享受吧！

之后，我们再一起读有关动物的故事，竟变得无比顺畅了。

深圳市周天妈妈　曹秀英

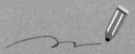

轻松一下 Game

一时糊涂的牛顿

提起牛顿,大家立刻就会想到苹果落地,想到万有引力定律。的确,牛顿是一个伟大的科学家,他全名叫艾萨克·牛顿。然而在他很小的时候,他却没表现出过人的天赋,尤其是数学。

记得有一次,他养了两只猫,一只大的、一只小的,牛顿为了让猫从他家进出方便,就在门上开了大、小两个洞。

一天,他的同学看见了,就问他:"我真奇怪,你家门上为什么会有两个洞呢?"

牛顿回答说:"为了让猫能自己进出,因为我有两只猫,它们一只大、一只小。"

同学听了,哈哈大笑起来,说:"我真没见过你这么笨的人,只开一个大洞不就可以了吗?"

牛顿听了同学的话,才恍然大悟,说:"我怎么没想到呢?"

为此,同学们还把这件事当成了笑话。

买椟还珠

春秋战国时期,楚国有一个人过着十分贫困的生活。这个人贫困到米缸里甚至没有一粒米,不过幸运的是在他的家里还有一颗十分名贵的珍珠。

这颗珍珠年代久远,已经陪伴他的家族走了几百年甚至更久。不久前,这颗珍珠终于从他父亲那传到他手里了。

为了让自己能活下去,让自己不再饱受饥饿的折磨,这个楚国人不得不考虑将这颗珍珠拿到集市卖掉。

楚国人暗暗地想:"尽管这颗珍珠十分名贵,可我却如此寒酸,要是我把这颗珍珠拿到集市上卖,人们看到我的穿着一定会对这颗珍珠的真假产生怀疑。我要怎么做,才能让人相信呢?虽然没有钱买衣服,可是家里还剩下一小块名贵的香兰木。对,我可以用它把这颗珍珠包装一下。"

于是,楚国人请来手艺高超的木匠,为珍珠做了一个看起来精致又漂亮的盒子,人们把这样的盒子称为椟。

盒子做好后,楚国人认为盒子还可以装饰得更好,于是,他用桂椒香料把盒子熏了起来,这样盒子便会散发出扑鼻的香味,人们更会被它深深吸引了。

为了让盒子看起来更加精致,楚国人又在盒子的外面雕刻了许多漂亮的图案,并镶上了金属花边。

做完这一切,楚国人暗自高兴地说:"现在

一定不会有人怀疑我的珍珠是假的了,或许因为这个盒子,我的珍珠也会卖到很高的价钱。要是那样,我的生活就可以过得好多了。"

楚国人十分小心地把珍珠放进了盒子里,并拿到集市上去卖。

一切正像楚国人所想的那样,人们被那个看起来精致、漂亮的盒子深深吸引了。

其中,对盒子最为痴迷的要说一位郑国人了,他拿起盒子看了一遍又一遍,喜欢得不愿意放下。他犹豫了一小会儿,最后,终于下定决心要将盒子买下。

郑国人走上前去,对楚国人说:"先生,我非常愿意买下您的盒子,我会付给您很高的价钱。"

听到郑国人的话,楚国人的脸上不禁露出了一丝笑意。

郑国人付完钱便拿着盒子离开了,可没过多久,他又回来了。望着郑国人的身影,楚国人

心想:"到底发生了什么事情?难道他并不喜欢那盒子里的珍珠?要是那样,我的美好生活恐怕就要化为泡影了。"

就在楚国人心中满是疑惑的时候,那个郑国人已经来到楚国人的面前。只见郑国人打开盒子,把里面的珍珠取了出来,说:"先生,您知道您把什么东西落在了盒子里面吗?那可是一颗十分名贵的珍珠啊,为了能够及时把这颗珍珠送到您手中,我从远处又回来了。"

听到郑国人的话,楚国人不禁愣住了,他暗暗地想:"哦,天哪,我真是没有想到这个人喜欢的竟然会是我的盒子,而不是里面的珍珠!"

楚国人完全被郑国人弄糊涂了,一直过了很久,他才起身离开。

和爸爸、妈妈一起分享

"郑国人为什么不要珍珠,而要盒子呢?"儿子问我。

"因为他喜欢盒子,想要盒子,不想要珍珠。"我回答他。

"盒子值钱还是珍珠值钱呢?"他又提出了问题。

"他喜欢哪个,哪个就值钱,不是有句话叫'有钱难买我乐意'嘛!"我说。

"也是。不过那个楚国人可以再卖一次珍珠,再多赚一次钱了。"儿子说。

"没错。"

"我还有最后一个问题,楚国人都那么穷了,又怎么有钱请工匠雕刻呢?"儿子问。

"呃?这个问题明天和同学讨论吧,乖,早点休息吧,早睡早起身体好,哈哈哈。"

其他家长、同学,你们知道答案吗?

青岛市邹志豪的爸爸　邹世山

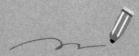

走迷宫

下面是文字迷宫,请同学们按着"天"字走出迷宫。

天	天	天	天	天	天	天	天	天	天
天	天	天	天	天	天	天	天	天	天
天	天	天	天	天	天	天	天	天	天
天	天	天	天	天	天	天	天	天	天
天	天	天	天	天	天	天	天	天	天
天	天	天	天	天	天	天	天	天	天
天	天	天	天	天	天	天	天	天	天
天	天	天	天	天	天	天	天	天	天
天	天	天	天	天	天	天	天	天	天
天	天	天	天	天	天	天	天	天	天

十二生肖

远古时候，人们的日常生活逐渐丰富起来，有了吃饭的器具、捕猎的工具，甚至有了可以占卜的八卦，可就是没有属于自己的生肖。

玉帝说："我多么希望人们能够有属于自己的生肖，可是天底下的动物这么多，我到底该如何选择呢？"

玉帝思考了很久，终于想出了一个主意，他对天下所有的动物说："十二生肖选拔赛即将开始，要是你们想要成为人们的生肖，就快点儿到凌霄宝殿报名，最先到达的十二种动物

便会成为人们的生肖。"

听到这个消息,动物们十分开心,他们的心思一下子就活跃起来,因为几乎没有动物不愿意成为人们的生肖。

那时候猫和老鼠既是好朋友,又是邻居。猫对老鼠说:"喂,朋友,我多么想成为人们的生肖之一,可我太喜欢睡懒觉了,恐怕我不能准时到凌霄宝殿报到,要是那样我就没有机会了,你愿意叫醒我,然后和我一起出发吗?"

老鼠回答说:"当然了,我们可是好朋友。我非常愿意在明天早晨把你叫醒。"

可老鼠心里却在想:"要是把你叫醒了,你比我先到凌霄宝殿,我可就又少了个机会。"其实他并不情愿把猫叫醒。

第二天早晨,天还没有亮,老鼠就起床了,他觉得完全没有必要叫醒那只正在睡懒觉的猫,于是他悄悄地离开,去了凌霄宝殿。

走着走着,老鼠遇到了牛,老鼠心想:"牛长得这么高大,他的腿又长又有力,走起路来一定比我快多了。要是那样,我恐怕就要落他后面了。我可不希望发生那样的事!看来我要动动脑筋,想个办法了。"

这时候,猫仍然沉浸在睡梦中,他完全不清楚到底发生了什么事情。

"我到底应该怎么办呢?或许我应该做些什么了!"老鼠暗暗地想。为了想出办法,老鼠绞尽脑汁。忽然,他灵机一动,一个好点子出现在他的脑海里。

"喂,亲爱的朋友,你已经走了很远的路了,我想你一定累了,也一定寂寞了,我多么希望能给你讲讲我所知道的笑话,来缓解你的疲劳。"老鼠对牛说。

牛说:"感谢你的好意,你的提议简直太好了!"

老鼠继续说:"我想我还可以趴在你的耳边为你唱歌,跳上你的背为你跳舞。"

"要是你愿意为我唱歌、跳舞,那简直太美妙了!可我又能为你做些什么呢?"牛问。

"就请你带我去凌霄宝殿吧,你看我的腿并不长,走得并不十分快,我真担心失去这个机会。"牛听了老鼠的话,便答应了老鼠的要求。

老鼠就这样趴在了牛的犄角上,和牛一同走向了凌霄宝殿。

没过多久,老鼠和牛便来到了凌霄宝殿,他

们来得比其他动物都早。在开始登记生肖的一瞬间,老鼠突然从牛的脖子上跳了下来。他一下子就跳到了牛的前面,结果老鼠得了第一名,牛得了第二名。

后来,其他动物相继来到了凌霄宝殿,他们依次是虎、兔、龙、蛇、马、羊、猴、鸡、狗、猪。等到猫起床,然后匆匆赶到时,十二种动物早已选定好了。

猫十分生气,在他看来自己没能成为十二生肖之一,完全要怪老鼠没有及时叫醒他。这样想来,他便对老鼠充满了恨意,从此以后见了老鼠就要吃掉他。

因为鼠、牛、虎、兔、龙、蛇、马、羊、猴、鸡、狗、猪这十二种动物很早就来到了凌霄宝殿,玉帝便让他们充当了人们的十二生肖。一直到今天,这十二种动物依旧担当着这个职位。

和爸爸、妈妈一起分享

我的生肖是鼠。生活中,我也一直很喜欢小老鼠。它们机灵可爱,尤其是吃东西的时候,看它们搂着食物、鼓着腮帮子咀嚼的样子简直太好玩儿了。

为什么我知道得这么详细?因为我也养了一只宠物鼠,名字叫花花,白底黄花的。我平时最大的爱好就是给它拍照片和看它在笼子里跑。

可是,今天看完生肖的故事后,我有点伤心,就是有种被伤到了的感觉。老鼠怎么会用这么不光彩的手段得到属相呢?太让人失望了!

我现在很忧郁,有时候给花花喂食,我都会戳戳它的腮帮子,问它:"你就那么想要第一的属相吗?"

可它总是不理我,这让我很生气。我甚至告诉它,如果当初你叫醒猫,也许现在我就属猫了!我才不稀罕你这个生肖呢。

齐齐哈尔市王雨航 小·五(3)学生

小朋友,关于这个故事你有什么话要说,写到下面吧!

轻松一下 Game

巧填成语

同学们都知道十二生肖是什么吗？请按顺序写出十二生肖的名字。并用这些动物填充下面的成语，感觉一下成语的妙趣横生。

鼠　牛　____　____　____　____
马　羊　____　____　____　____

（　）目寸光　　　（　）到成功
对（　）弹琴　　　（　）肠小道
狐假（　）威　　　（　）年马月
（　）死狐悲　　　闻（　）起舞
（　）飞凤舞　　　（　）仗人势
画（　）添足　　　（　）突豨勇

你还知道哪些类似的成语写在下面的横线上吧！

_____

_____

_____

机智的老山羊

天渐渐黑了,走了一天路的老山羊感觉十分劳累,他暗暗地想:"我感觉累极了,我多么希望能够找到一个可以休息的地方。"

就在这时,眼前出现了一间破庙,老山羊快步走了进去。他高兴地说:"感谢上帝,给了我一个可以休息的地方,我再也不想走路了。"

不一会儿,疲惫不堪的老山羊就在神像前睡着了。

一只狼闯了进来。或许是因为破庙里太黑了,狼只能模糊地看见神像前有一个黑影,却看不清楚那个黑影到底是什么。狼大声问:"你是谁?"

沉浸在睡梦中的老山羊听到狼的声音,吓得从睡梦中惊醒了。他很清楚,现在的处境十分危险,不过他很快就让自己冷静下来。老山羊眼睛一转,高声喊道:"你当然不认识我了,我可是天神派来收集一千张狼皮的使者!"

"哦,天哪,真是没有想到,天神居然想要我的命,这简直太可怕了!"听到老山羊的话,狼被吓住了。他撒腿就跑,不顾一切地从破庙中逃了出来。

狼跑出去很远,可他悬着的心却仍然没有放下。惊魂未定的狼在路上遇到了狐狸,狐狸问道:"狼先生,到底发生了什么事情让你如此害怕?你愿

意告诉我吗?或许我能帮助你。"

"哎,别提多可怕了,刚才我到一个破庙休息,听到一个声音说'我是天神派来收集一千张狼皮的使者'。这话让我害怕得不行,还好我马上跑了出来。"狼惊慌地说。

"哦,原来是这样,我还以为天就要塌下来了呢!一定是谁在欺骗你。我们现在就去揭穿他吧。"听到狼的话,狐狸笑着说道。

"我再也不想去那个破庙了,我心里害怕极了。"狼说。

狐狸机智地说:"要是你还担心,我愿意把咱们两个的尾巴拴在一起,这样我们就可以同呼吸、共命运了!"

"那我就放心了,感谢你的好意,我们现在就走吧。"狼说。

于是,狼和狐狸一起来到了破庙中。

老山羊看到狼和狐狸一起赶来,心想:"事情恐怕要变得麻烦了,我到底该怎么办,才能让自己脱离危险呢？"老山羊思索了很久，终于想出了一个主意。

他大声喊道："狐狸先生，你简直太狡猾了，我不是告诉你要给我带回两只狼吗？为什么你只带回来一只？我想那只一定是被你私吞了吧，看来我必须要惩罚你了！"

"我竟然被狐狸欺骗了，这是多么可怕的世界，这世界上的事情真是令人难以琢磨。"狼听到老山羊的话，大声喊着，扭头就跑。

狼跑得比风还快，不一会儿就消失了，他完全忘记了那只把尾巴和他拴在一起的狐狸。

那只倒霉的狐狸就这样被狼活活拖死了。

和爸爸、妈妈一起分享

"老山羊实在太机智了,俗话说:'姜还是老的辣',果然没错!"子铭说。

"'老'是因为他们生活的时间长,'辣'是因为在漫长的生活中,他们积累了丰富的经验和知识。有足够的积累,才能够充满智慧。"我告诉他。

"妈妈,我算不算'小辣姜'?"子铭问我。

"你有好好积累生活经验吗?上次下雨天乱跑,摔倒受伤,这次不还是依然这样。我看你一点都不'辣'呦!"我点点他磕破的膝盖说。

子铭有点不好意思,他挠挠头说:"那我现在开始记着还不行吗?"

哈尔滨市刘子铭妈妈　高文君

小朋友,关于这个故事你有什么话要说,写到下面吧!

轻松一下 Game

重组成语

将下面的字重新组合，形成六个新的成语。

1. 尸死生近出富荣坐天老成行观井肉入人平走大贵华易无

出_____   坐_____   平_____
老_____   行_____   荣_____

2. 石后争鬼乐悲差下花恐低声前极月使先海沉语神生大细

乐_____   花_____   鬼_____
争_____   石_____   低_____

答案：1. 出生入死、老井观天、平易近人、老气横秋（老成持重）、行尸走肉、荣华富贵；2. 乐极生悲、花前月下、鬼使神差、争先恐后、石沉大海、低声细语。

聪明的巴赫鲁

从前,有位老乡绅,他有三个儿子。他十分喜爱老大和老二,却很嫌弃老三。因为大儿子达卡和二儿子吉姆很聪明,而小儿子巴赫鲁总是傻乎乎的,常常让他很没面子。

一天,皇宫里传来消息说公主要亲自挑选未婚夫,她要找个能说会道的人做自己的丈夫。这个消息让举国上下都沸腾起来。

老乡绅的大儿子和二儿子听到消息也非常兴奋,他们决定向公主求婚。为了给公主留下好印象,他们精心准备了一番。

大儿子达卡用了一个星期的时间把整本字典和三年来的报纸都背得滚瓜烂熟；二儿子吉姆把国王每个应该知道的事情都弄清楚了，并且吉姆还有一个技能，就是会绣花。

出发前老乡绅送给达卡和吉姆每人一匹漂亮的马。正当他们上马准备出发的时候，小儿子巴赫鲁从屋里跑了出来，他问两个哥哥："你们穿得这么漂亮是要去哪儿啊？"

达卡说："当然是去向公主求婚。"

"求婚？那一定很有趣，我也非常想结婚。"

巴赫鲁高兴地说。

"哈哈，就凭你？你这么笨，也要向公主求婚，真是天大的笑话。"达卡和吉姆嘲笑着说。

巴赫鲁不理会两个哥哥，坚持要去。他向父亲要匹马，父亲却责骂他愚笨，不配骑马。

巴赫鲁可不管，他对父亲和哥哥们说："如果公主选中了我，我非常愿意和她结婚；如果她没选我，我也要和她结婚。"

没有马，没关系，巴赫鲁自己想办法。只见他骑着自己的公山羊上路了。

他乐观得很，并没有因哥哥们的嘲笑和父亲的责骂而影响他的好心情。你看他跟在哥哥们的后面，一路上唱着歌，欣赏着路边美丽的风景。

再看他的两个哥哥，一路上心事重重，时时刻刻都在想着如何用最美的诗句讨得公主的欢心。

这一路上,巴赫鲁收获颇多:捡了一只死乌鸦、一只旧木鞋,并在水沟里挖了一些湿湿的黄泥巴。

两个哥哥看到后,不禁大笑起来:"你这傻瓜,要这些做什么?"

"这些可是我送给公主的礼物。"巴赫鲁回答说。

"亲爱的弟弟,你有没有搞错,看来你真是愚蠢至极啊,公主怎么会收下这样不堪的礼物,笑死人了!"达卡不屑地说。

"就是,傻瓜就是傻瓜,做什么都这么可笑。"吉姆朝巴赫鲁翻起了白眼,也跟着起哄地说道。

"这些可是好东西,等着瞧吧,公主一定会非常喜欢的。"巴赫鲁自信地说。

哥哥们不再理会巴赫鲁,骑着马快速朝皇宫奔去,他们可不想和这个愚蠢的弟弟走在一起。

不久,他们便来到了皇宫,皇宫门口排起

了长队,这些都是前来求婚的人,周围还站满了城里的居民,他们都是来看热闹的,想看看公主最后会选择哪位应征者做她的丈夫。

公主的屋内,炉火烧得旺旺的,三位主考官正站在窗户旁,他们主要负责把每位应征者说的话记录下来。

可是不知怎么回事,应征者们见到公主后都失去了说话能力,支支吾吾地说不出话,表现都很差,结果都被公主赶了出来。

轮到老大达卡了,他也紧张得要命,什么字典、美丽的诗句都忘得一干二净。他一进皇宫就觉得很热,于是忍不住说了一句:"这,这里,这里真热

啊！"

公主对达卡说："因为我在烤小鸡啊。"

"什么烤小鸡？"由于达卡的回答并不"智慧"，所以他被赶了出来。达卡真的很不走运。

轮到老二吉姆了，他一进皇宫，也觉得好热，忍不住说了一句："这真热得可怕。"

公主对吉姆说："那是因为我在烤小鸡啊。"

为什么会这样，吉姆哑然，这一切和吉姆所想的征婚方式完全不同，当然他也被赶了出来。

公主摇摇头，直皱眉，不禁感叹道："他们竟是如此无趣。"

现在轮到他们的傻弟弟巴赫鲁了。他的两个哥哥可是等着看他是如何出洋相的。只见巴赫鲁骑着公羊来到了王宫，一进来他便大声喊道："这真是热死人了。"

"是的，因为我正在烤小鸡呀。"公主说。

"哇，那真是好极了！你的想法真不错。"巴赫鲁称赞地说道。

"你烤小鸡,我想我也可以烤一只乌鸦!"说着他便把那只死乌鸦拿了出来。

"那你用什么工具烤呢?"公主好奇地问。

"瞧,就用这个锅。"巴赫鲁边说边拿出了那只旧木鞋。

公主又问:"可是你还没有黄油啊!"

"哈哈,这个不必担心。瞧,这是什么?"巴赫鲁把从水沟里挖出的黄泥拿了出来。

瞧,巴赫鲁就这样跟公主攀谈起来,公主问的每句话他都能回答出来,公主非常高兴,对他拍手称赞:"你就是我要找的那个能说会道的人,你很朴实,你完全打动了我的心,我愿意嫁给你。"

不久,公主和巴赫鲁举行了婚礼,后来巴赫鲁继承了皇位,戴上了皇冠,坐上了最高统治者的宝座。

巴赫鲁的两个哥哥很嫉妒他,到现在他们

仍然不服气,就连他的父亲也依旧觉得他很傻、很笨,不过是走了好运而已。

　　大家是怎么认为的呢?你们也觉得巴赫鲁笨吗?其实我觉得他不笨,他是聪明的巴赫鲁。

和爸爸、妈妈一起分享

我问儿子:"你觉得巴赫鲁真的很聪明吗?"

儿子想了想说:"我觉得这个问题很深奥。"

"这个词用得好,怎么个深奥法?"我很好奇他所谓的"深奥"究竟指什么?

儿子说:"聪明应该包括智商和情商。巴赫鲁赢在情商上,他知道如何与公主沟通,说话办事不拘谨,轻松幽默,我就喜欢这样的。"

"分析得不错,想听听老爸的看法吗?"我问。

儿子说道:"洗耳恭听。"

我被儿子逗笑了,告诉他:"聪明的人还具有乐观精神,不怕困难,有坚持到底的恒心,巴赫鲁就是这样的人。"

唐山市郑钰勋爸爸 郑忠良

小朋友,关于这个故事你有什么话要说,写到下面吧!

 **Game**

歧义断句

有一种歧义句,用不同的断句方法,句子会有不同的意思。

★第一次见到你才20岁。

第一次见到你／才20岁。(我20岁)

第一次见到／你才20岁。(你20岁)

★姐姐的故事讲不完。

姐姐／的故事讲不完。(姐姐的故事)

姐姐的故事／讲不完。(姐姐讲的故事)

★你们对他的看法如何？

你们对他／的看法如何？(对他这个人)

你们对他的看法／如何？(对他的看法)

大拇指汤姆

从前,有一位贫穷的樵夫,尽管他已经结婚很久了,却一直没有孩子。一天晚上,樵夫坐在火堆旁烤火,妻子在一旁默默地纺线。

樵夫望着妻子说:"亲爱的妻子,我多么希望我们能拥有一个孩子。要是有了孩子,我们就不会像现在这样孤单了。"

他的妻子说:"亲爱的丈夫,愿上帝眷顾我们,让我们实现愿望。即便我们的孩子很小,我也愿意加倍爱他。"

没过多久,樵夫的妻子便生下了一个男孩,

就如她当初所想的那样,这个孩子别提有多小了,竟然和他们的大拇指一般大。

尽管樵夫和妻子把家中几乎所有的美味都给了这个孩子,可这个孩子却始终没有长高。

樵夫对妻子说:"或许,他永远也不会长大,可又有什么关系呢?无论怎样他都是我们的孩子,都是上帝给予我们的礼物,我们要好好爱他。"

他的妻子说:"亲爱的丈夫,你说得对极了,我会好好善待他的。我们给他起个名字吧,就叫他'大拇指汤姆'。"

"哦,这真是个不错的名字。"樵夫说。

尽管汤姆很小,可他却是一个勇敢又富有智慧的人。他做事总是沉稳淡定,樵夫和妻子对他很满意。当他们对别人提到汤姆的时候,心中总是充满了骄傲。

一天早晨,樵夫对妻子说:"亲爱的妻子,你瞧,家里的柴火已经烧完了,我必须到森林里砍一些回来,要是有人愿意帮我把马车赶到森林里该多好。"

"亲爱的父亲,别担心,我想我能办得到。"大拇指汤姆说。

"可是你那么小,恐怕连马的缰绳都够不到呢!"樵夫听了汤姆的话不免有些怀疑。

汤姆说:"母亲套好马车,然后把我放进马的耳朵里,我便可以告诉马到底该走哪条路,我想它完全能够听懂我的话。"

"哦,要是那样,你就试一试好了。"说完,樵夫便告别妻子和汤姆来到了森林里。

没过多久,樵夫的妻子便套好了马车,她在马耳朵里找了一个比较舒服的地方把汤姆放了进去。

"喔!驾!吁!"汤姆躲在马的耳朵里对马发出各种命令。马听了汤姆的话一会儿前进,一会儿又停下来,就在马车不断向森林的方向走去的时候,两个陌生人,一个高个子、一个矮个子从远处缓缓走来,看到马车后,惊奇地瞪大了眼睛。

其中一个人对另一个人说:"哦,天哪,到底发生了什么,到底是谁在驾驶马车?"

"真是没想到,天底下竟然会有能自己走路的马车,我真好奇这辆马车最终会在哪里停下来。"另一个人说。

为了解开心中的谜团,这两个人跟随着马车一路走来。

不知过了多久,马车终于来到樵夫身边,那时候樵夫正在用力地砍树。汤姆在马耳朵里大声喊道:"亲爱的父亲,我来了,马耳朵里简直太闷了,请快点儿把我放出来吧。"

听到汤姆的声音,樵夫十分高兴,他对汤姆说:"亲爱的孩子,你简直太厉害了,我真没想到你会把马车驾驶得这么好,感谢上帝让我拥有你。"

两个陌生人看到这一切不禁惊呆了,他们躲在一旁商量说:"尽管这个孩子看起来很小,可他却是一个富有智慧的人,要是我们把他带在身边,要不了多久,我们就会交上好运。"

于是他们走上前对樵夫说:"先生,你愿意把他卖给我们吗?我们愿意付给你很高的报酬。"

樵夫说:"汤姆是上帝给予我和妻子的礼物。对于我们,这世上再没有什么东西能够比他更重要了。"

听了父亲的话,汤姆非常高兴,他悄悄地爬到了父亲的衣服上,对父亲说:"亲爱的父亲,难道您不认为我是一个很聪明的人吗?要是您把我卖给他们,您就可以得到一笔报酬,而我很快就会想办法从他们身边逃走。"

听到汤姆的话,樵夫便同意了那两个陌生人的提议。两个陌生人给了樵夫一块金子作为报酬,然后带走了汤姆。

两人带着汤姆上路了,走了许久,天渐渐地黑了下来。汤姆对两人说:"尊敬的主人,你们已经走了很久,一定累了吧,为什么不停下来休息一下呢?"

矮个子说:"小家伙,你说得太对了。"于是,他们停下了脚步。

高个子放眼远望,无意间欣赏到了周围的风景,他感慨地说:"这里的夜晚简直太美了!"

就在他们陶醉于美丽的景色时,汤姆偷偷地溜走了。

两人找了很久却始终没有发现汤姆的踪

影，他们只好生气地离开了。

逃跑后的汤姆来到了一户人家的窗户上，就在他想要休息时，他听到两个小偷说："听说这家十分富有，要是我们能够从他们家弄到一些东西该有多好，可我们怎样才能走进去呢？"

"我想我可以帮助你们实现愿望。"躲在一旁的汤姆说。

"真是奇怪，到底是谁在说话？"两个小偷问。

汤姆回答说："你们瞧，我就在你们脚下。"

"哦，原来是你这个小家伙，真高兴在这里遇到你。"一个小偷说。

他们让汤姆顺着门缝进到富人的家中。汤姆果真溜进房子里面，给小偷们打开了第一道门栓。

正当小偷们开心不已，等着汤姆打开第二道门栓时，汤姆大声喊了起来。小偷们听到汤姆的呼救声，觉得屋子里面一定有陷阱，于是他们扔下汤姆逃跑了。

望着小偷离去的背影,汤姆放心了。他心想:"我已经出来一整天了,现在感觉很疲惫,也该找个地方好好休息一下了。"

于是,汤姆溜进了谷仓,在一堆草里躺了下来,不一会儿便进入了梦乡。

第二天,天还没有亮,富人家的女仆便来到谷仓,她拿了很多草来喂牛。那时候汤姆依旧在一堆草里睡觉,没有醒来。女仆把草摆在了牛的面前,牛贪婪地吃着,汤姆顺着牛的舌头来到了牛的胃里。

汤姆醒来时,发现自己被关进了一间黑屋子,屋子里面堆满了草料,他害怕地大声喊道:"哦,天哪,我这是在哪里?这里面简直太黑了,就连一根蜡烛都找不到,快放我出去,快放我出去。"

正在一旁挤奶的女仆听到从牛胃里面传出的声音,吃惊地说:"上帝哟,是不是我的耳朵出了什么问题?难道这头牛就要发疯了吗?

也不知道它到底在说什么,或许只有我的主人才能够弄清楚到底发生了什么事。"

于是,她慌张地跑到主人面前,对主人说:"尊敬的主人,刚才我在挤牛奶时,听到牛在说话,也不知道它到底在说些什么。"

主人说:"你是说牛在说话吗?但愿我没有听错,我倒很有兴趣听一听那头牛在说些什么。"

主人来到牛旁边,就听汤姆再一次在牛胃里大声喊了起来:"哦,天哪,我是在哪里?快放我出去,快放我出去!"

"它一定是中邪了,我必须要把它杀掉!"听到牛说话,主人自言自语地说。

主人亲自动手把牛杀死了,并且把牛胃扔在了一个看起来十分肮脏的地方。汤姆在牛胃里奋力挣扎着,急切地想要从里面爬出来,回到父亲和母亲的身边。

可惜牛胃里堆满了草料,汤姆想要从里面爬出来简直比登天还难,尽管他费了很大力气,却只能勉强把头探出来,身体却被草料紧紧缠住,难以摆脱。

正在这时,从远处走来一只恶狼,他把牛胃一口吞了下去。

汤姆暗暗地想:"狼想要什么呢?一定是美味的食物了,或许我可以和狼说说话。"

"狼先生,您一定饿了吧?我知道一个地方,那里有很多美味的食物,地方也很宽敞。您愿意随我去看看吗?"汤姆问。

"你是谁?到底是谁在和我说话?"狼吃惊地问。

"狼先生,我就躲在您刚才吃下去的牛胃里,我十分愿意为您献上美食。"大拇指汤姆回答说。

"哦,你这个小家伙,你看起来像是一个聪明人,但愿你没有欺骗我,快点为我带路吧。"狼说。

"狼先生,请往左走,狼先生,请接着往右走。"汤姆在狼的肚子里指挥着。很快,汤姆便把狼带到了自己的家。

狼按照汤姆的指引来到了汤姆家的厨房。汤姆突然大喊大叫起来:"亲爱的父亲,我是大拇指汤姆,我被狼吃到了肚子里面,不过我已经把狼带到厨房里了,请快放我出去,请快放我出去。"

"到底是谁在

说话?"汤姆的喊声吵醒了正在睡觉的父亲,循着声音,他来到了厨房。

望着地上的恶狼,汤姆的父亲吃惊地说:"哦,天哪,原来是一只狼,你竟敢来到我家,我必须要给你一点颜色看看!"

就在他拿起斧子,想要把狼砍死的时候,汤姆在狼的肚子里面大声喊道:"亲爱的父亲,我是汤姆,我被狼吃到肚子里面了。"

"上帝哟,感谢您让汤姆回到我的身边。汤姆,我的孩子,我想我们很快就能见面了。"樵夫听到汤姆的声音激动地说。

他拿起斧子,狠狠地向狼的脑袋劈去,狼死后,他轻轻地划开狼的肚皮,把汤姆救了出来。

望着汤姆,他激动地说:"亲爱的汤姆,我的孩子,你终于回来了。我再也不会让你离开我了,我真是受够了为你担心的日子。"

"亲爱的父亲,我再也不想离开您了。外面的世界太危险了,要不是我很聪明,恐怕您就见不到我了！"汤姆说。

　　这时候，汤姆的母亲也来到了厨房，他们一家人紧紧相拥，从此再也没有分开过，他们一直过得很快乐。

和爸爸、妈妈一起分享

汤姆虽然身材小,可是他却用他的聪明才智克服了缺点,甚至比普通孩子做得都好。

人也是如此,每个人都有长处、短处,优点、缺点。我们不能只看到优点,而看不到缺点,更不能因为自己有短处、有缺陷,就一直沉浸在里面,止步不前。

就像汤姆一样,我们可以用优点弥补不足,短处不那么短,长处才能更好地发挥,不是吗?

教育孩子同样如此,我主张让他兴趣广泛,喜欢的、有益的事情都可以去尝试,德智体美劳全面发展。看着他活泼、快乐的样子,我很满足。

北京市于蛟洋爸爸　　于立峰

小朋友,关于这个故事你有什么话要说,写到下面吧!

轻松一下　Game

辩护词

一次,一名律师朋友的儿子阿姆斯特朗被指控谋财害命,并且初步判定有罪。于是,这名律师受托为阿姆斯特朗辩护。律师去法院查阅了全部案卷。

然后,律师以被告的辩护律师身份出庭,和原告的证人进行了一场面对面的对质。

律师:你发誓说认准了阿姆斯特朗是凶手。

证人:是的。

律师:你确认当天是10月18日吗?

证人:确定。

律师:你当时在草堆后面,阿姆斯特朗在大树下,两处相距二三十米,能看清吗?

证人:看得很清楚,因为月光很亮。

律师:你肯定不是从衣着方面认清的吗?

证人:不是的,我肯定认清了他的脸,因为月光正好照在他脸上。

律师:你能肯定那时是晚上11点吗?

证人：我能肯定。因为我回屋看了时钟，那时是11点15分。

律师问到这里，就陈述了自己的辩护词，用事实说明了原告的证人是在作伪证。

那么，同学们想一想，律师的事实根据是什么呢？

> 答案：因为10月18日的晚上是下弦月，到了11点以后，月亮才已经上山了，所以不可能有月光照射到各房的地上。律师就是凭借这一点揭穿了原告证人作伪证。

十二个跳舞的公主

从前,有一位国王,他有十二个非常漂亮的女儿,个个长得花容月貌,冰雪聪明。

这十二位公主住在同一个寝殿,每天晚上她们都一起睡觉,并且到了晚上,她们的房门都会锁上。可是在她们身上却发生了一件很奇怪的事情。

一天早上,国王发现女儿们的鞋子都破了,就像跳过一夜舞被磨破了一样。接连好几天,都是这样。

"这到底是怎么回事?女儿们究竟都去了

哪里？做了什么？"他十分疑惑，于是派人调查此事，可是始终查不出任何蛛丝马迹。

最后，国王决定向全国发出通告：无论是谁，只要能在三天之内破解公主们鞋子破损的秘密，便可以和其中一位公主结婚，并继承王位；但如果谁接受了任务，却在三天之内没有办法揭开秘密，就会被处死。

国王发出通告不久，便有一位邻国王子来到王宫，王子对国王说："尊敬的国王，我愿意为您效劳。"

王子受到了国王的热情款待，到了晚上，国王把王子安排在公主们隔壁的房间就寝。

王子便把房门整夜打开，希望用这个方法，探听到公主房间里发生的事情。可是不知道怎么回事，没过多久他便沉沉地睡去了。

第二天早上，公主们的鞋子依旧是破的。接下来的两天，他同样莫名其妙地睡着了。王子一无所获，于是国王下令将他处死了。

此后，又有几位王子来到王宫，想探查公主们鞋子破损的秘密。可是结果都是一样，他们什么都没查到，还白白送了性命。

就在国王为之烦恼不已的时候，一个在战争中受了伤的老兵碰巧经过国王的领地。

这位老兵在途经一片树林时，遇到了一位老婆婆。

"士兵，请问你要去哪里啊？"老婆婆问道。

"我还没有想好去哪里，该做些什么？或许我应该去王宫，破解公主们舞鞋破损的秘密，说不定还真能娶到公主，继承王位呢！"士兵半开玩笑地说道。

"如果你真的想去王宫，我倒是可以帮助你。其实这件事没有想象中的那么难，你不要喝公主给你的酒。在她们离去时，你假装睡着，便可以轻而易举地解开舞鞋的秘密了。"

"是这样啊，谢谢老婆婆。我决定去试一试。"士兵说。

"愿你交上好运。瞧,我这儿有一件披风,你穿上它,公主们便看不到你,你就可以跟在公主身边一探究竟了。"老婆婆说着,把披风递给了士兵。

士兵接过披风,谢过老婆婆,便朝王宫的方向走去。

士兵来到王宫,同样受到了国王的热情招待。到了晚上,他被安排在公主们的寝殿隔壁。

他刚进房间,大公主便端着一杯葡萄酒走了进来,士兵悄悄把酒倒了,并躺在床上假装睡着了。

大公主见士兵睡着了,得意地说:"真想不明白,为什么他要来到这里白白丢掉性命,他完全可以做些更有意义的事。"

大公主对妹妹们说:"士兵已经睡着了,我们可以放心地梳妆打扮,去参加舞会了。"

十二个公主穿上华丽的礼服,精致的舞鞋,打扮得漂漂亮亮地准备出发了。

公主们十分兴奋,只有小公主很担心,她对姐姐们说:"我觉得很不安,但愿我们的秘密不会被发现。"

"有什么好担心的,那么多王子都没发现我们的秘密,再说那个士兵已经睡着了。"大公主劝妹妹放宽心,并催促她赶快出发。

大公主走到自己的床前,拍了拍手,床沉到地板下面,一扇地板门突然打开了。

看到眼前的景象,老兵惊呆了,他惊讶地说:"哦,天哪,真是无法想象!"于是,他赶快穿上老婆婆送给他的那件披风,偷偷地跟在公主们的后面。

公主们依次下了楼梯,士兵紧随其后,由于

太紧张不小心踩到了小公主的礼服,小公主大声喊:"谁踩住了我的衣服,我好害怕呀。"

大公主轻轻抚摸着小公主的头,对她说:"亲爱的妹妹,你不要大惊小怪了,瞧,这里除了我们,没有任何人。衣服一定是被什么东西刮到了。"

士兵随公主们来到了一片树林中。这片树林的树叶都是由银子做成的,散发着银色的光芒。

士兵暗想:"我从没来过如此美丽的地方,

我要怎样做才能够证明我来过这里呢？"士兵想了想，"咔嚓"折断了一节树枝。

这声音只有小公主一个人听到了，随即小公主高声叫道："亲爱的姐姐们，难道你们没有听到什么声音吗？"

"亲爱的妹妹，你这是怎么了，你完全没有必要担心，一定是王子赶来了，为我们的到来而发出的欢呼雀跃声。"姐姐们安慰小妹妹说道。

公主们继续往前走，她们又经过了金树叶森林和钻石树叶森林。为了证明自己来过，士兵在每片森林中都折下了一节树枝，而折断树枝的"咔嚓"声都被小公主听到了，然而她的疑惑不安，姐姐们都没当回事。

不久，她们来到了湖边，湖面上飘着十二只小船，每只船上都有一位英俊的王子，他们似乎已经等了很久。每位公主都上了一条船，而士兵则是跟着小公主上了最后一条船。

和士兵、小公主在一条船上的王子说:"今天的船似乎比每天都要沉,这是怎么回事?我和往常一样用力划,船却行驶得很缓慢,我的身上都出汗了。"

小公主对王子说:"或许是天气变暖和的原因吧。"

湖泊的对岸是一座金碧辉煌的宫殿,宫殿里灯火通明,从里面传来悦耳动听的音乐。十二位公主和十二位王子上了岸,开始尽情地跳起舞来。

而那位他们看不见的士兵,也跟着他们一起跳舞、唱歌。每当小公主举起酒杯,她都会发现杯子空了,里边的美酒不翼而飞。这更加让小公主害怕不已,但每次姐姐们都告诉她不要大惊小怪。

这一夜,不仅公主们玩得尽兴,士兵也非常轻松快乐,当然他并没有忘记自己的任务。

舞会一直持续到凌晨三点,这时公主们的舞鞋已经磨破了,她们恋恋不舍地离开了地下宫殿,回到了王宫。

而士兵先她们一步跑回自己的房间,躺在床上,依旧假装熟睡。公主们看到士兵在熟睡,放心地回到自己的房间休息。

接连两个晚上都是如此,不过第三个晚上,士兵偷偷拿走了一个金色的酒杯作为证物。

第四天,最后的期限到了。国王问士兵:"你揭开舞鞋的秘密了吗?"

士兵回答说:"是的,陛下,我已经找出了真相。"说着他拿出了证物:三节树枝和金色的酒杯,并讲述了事情的经过。

公主们见秘密已经被发现,也不得不全部承认。

不久，士兵和大公主举行了婚礼，并继承了王位，成为新的国王。

故事讲完了，看来细心机智的人总是会受到上帝的偏爱，好运和幸福也会降临到他们身上。

和爸爸、妈妈一起分享

读完这个故事,我对女儿说:"怎么样,宝贝,和我分享一下你的感受吧。"

小妮子一本正经地说:"我感触很深。"

我轻拍了一下她的脑门,笑着对她说道:"别卖关子,说重点。"

她清了清嗓子说:"我觉得士兵很勇敢,因为他敢于挑战,不怕死;他很细心,因为他每经过一个地方都会把证物带回来;他也很聪明,知道保护自己,不露痕迹。妈妈,我总结得怎么样?"

我对她说道:"不错,不错,说得好极了。"

她问我:"说得好有奖励吗?"

"有啊,那就给你个赞吧!"说着我伸出了大拇指。

哈尔滨市李明书妈妈 万杰

小朋友,关于这个故事你有什么话要说,写到下面吧!

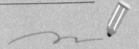

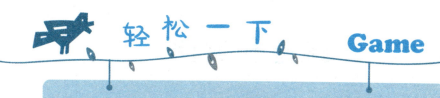

成语游戏

在下面的空格里填上适当的字,看看这些字可以重新组成什么成语。

	拜	之	交
	目	一	新
	武	不	屈
	流	倜	傥

	枝	玉	叶
	破	天	惊
	虎	作	伥
	门	见	山

	金	如	土
	扫	应	对
	相	矛	盾
	雷	贯	耳

	列	前	茅
	眉	吐	气
	面	八	方
	阔	天	空

跳蚤和教授

从前,有一位教授和一只跳蚤相依为命。教授几乎把自己所有会的东西都教给了跳蚤。跳蚤在教授那里学会了变魔术、如何举起帽子对人们行礼、如何放炮。跳蚤凭借着精彩的表演获得了不少报酬,养活了自己,也养活了教授。为了表演,跳蚤跟随教授去了很多地方,并且取得了巨大的成功。

一天,教授对跳蚤说:"恐怕只剩下野人国我们还没有去过了,那里存在着一定的危险,不过我们可以在那里获得极高的报酬,你愿意和我一起去吗?"

"当然了,亲爱的教授先生。"跳蚤回答说。

于是,跳蚤和教授便乘坐热气球飞过了高山和海洋,来到了野人国。

到达野人国后,跳蚤像往常一样开始了精彩的表演。他先是举起帽子对人们行礼,之后又放起了炮,这一切都被野人国的统治者,那位年龄仅有六岁的小公主看在了眼里。

她说:"他简直太有趣了,我完全被他吸引了,我已经爱上他了,我一定要和他在一起。"

于是,她蛮横地带走了跳蚤,她对跳蚤说:"你将会和我一起统治我的王国,不过一切事情你都要按我说的办,要是你做不到,我就会把你和你的教授统统杀掉。"

看来无论跳蚤是否愿意,他都必须要和野人国的统治者,那位小公主在一起了。

再看看那位教授吧,他住进了一间很大的房子里,在一张舒适的吊床上躺着,享受着野人国的"美味"。

公主一会儿把跳蚤放在手里,一会儿又把他放在脖子上。在她看来,这是一段不可多得的快乐时光,她认为跳蚤也会感到快乐。

没过多久,教授便厌倦了在野人国的生活,他从不喜欢在一个地方待得太久,他开始想念他的跳蚤了,可跳蚤却无法逃出公主的手心。

"我到底要怎样做,才能够带着跳蚤一起离开这个鬼地方呢?"教授小声说着。

教授冥思苦想了很久,终于想出了一个办法。

他跑去对老国王说:"请让我制作一门大炮,然后教您独特的燃放方法,这样您就可以有一门属于自己的大炮了!"

"放炮,这听起来十分有趣!"老国王说。

教授回答说:"放炮的确是有趣极了,当炮声响起时,整个地球都会随之震动,鸟儿还没有落地就会被烤出香味!"

"要是那样,就请你快点把大炮制作出来展示给我看吧!"老国王说。

"十分愿意为您效劳,不过我需要您提供一些材料,我想您一定不会拒绝我的。"教授说。

老国王问:"那么,你需要哪些材料呢?"

"我需要一些绸子,并用针和线把它们缝起来。我还需要一些绳子,还有能使气球变轻、膨胀起来的灵水。"教授回答说。

很快,老国王便给了教授所需要的一切材料。

不过聪明的教授并没有用这些材料制作大炮,他做出了一个很大的气球。

一天,教授对老国王说:"大炮就要做好了,不过在使用之前要先进行测试,大炮通过了测试,我才能够安心交给您使用。"

"那么,你就看着办好了。"老国王说。

这天,国王带领野人国的人民来参观教授的大炮。此时,教授正威武地坐在气球上面。

跳蚤这时候依旧和公主待在一起。看到气球在天空中渐渐稳定下来,教授暗暗地想:"是时候让我的伙伴——跳蚤先生上来了。"

于是,他大声喊道:"嗨!伙伴,快来跟我一起控制大炮啊!"

跳蚤听到教授的话,嗖地一下跳上了气球。教授赶紧驾驶气球飞上了天,离开了野人国。

气球越飞越远,渐渐变成了一个黑点,消失在人们的视野中。

望着气球的离开,那位野人国的小公主和老国王,还有站在原地的人们纷纷说:"气球一定会再回来的,或许再过不久,它就会通过测

试了，真希望那一天能够早点到来。"

或许到了今天，他们还站在那里默默地等待着气球的归来。

和爸爸、妈妈一起分享

"妈妈,跳蚤好可爱,教授好聪明呀!"玥玥说。

"是呀,正因为他们既聪明又有本领,才能够在各个大陆冒险,到处游览,赚取丰厚的报酬。"我回答她。

"我也想有一只可爱的小跳蚤!"玥玥眨着大眼睛说。

"现实生活中的跳蚤和故事里的跳蚤可不一样。"我告诉她。

"有什么不同呢?"玥玥继续问。

"生活中的跳蚤很小,通常出现在卫生条件不好的地方或者动物身上。跳蚤会吸人血,然后人体肿起来一个小包,就像被蚊子叮了一样。"

"太吓人,我可不要跳蚤了!"

天津市任玥妈妈　张立坤

小朋友,关于这个故事你有什么话要说,写到下面吧!

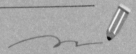

拓展阅读

《昆虫记》也叫《昆虫世界》《昆虫物语》《昆虫学札记》或《昆虫的故事》。它是法国昆虫学家、文学家法布尔的传世佳作,被誉为"昆虫的史诗"。

在这部书里,有很多让你意想不到的事情,例如我们知道的那些能够闪闪发光且十分弱小的萤火虫,它们可是肉食动物,是蜗牛的天敌;那些看似凶狠的螳螂有时也会成小蚂蚁口中的美食;个头超大的马蜂也会无缘无故地死在蜂鸟的嘴下;还有那些令人毛骨悚然的蝎子,它们竟然是伟大的慈母……

看似小得不起眼的昆虫世界竟然藏着这么多的秘密。说到这里,我们不得不惊叹作者法布尔的观察如此细微,他将自己的一生献给了这些小虫子们……我们向他致敬!

小克劳斯和大克劳斯

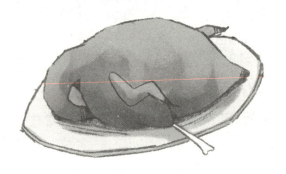

从前,有两个人,一个叫大克劳斯,一个叫小克劳斯。

一天,小克劳斯的马死了,他伤心地哭了起来。哭了一会儿,小克劳斯想:"或许我可以用马的皮换些东西回来,真希望这张马皮能给我带来好运。"

于是,他将马皮剥下来装进袋子里,准备拿到城里去卖。

城里距离小克劳斯的家非常远,要走好久才能到达。走着走着,小克劳斯便迷路了。

这时,他看到路边矗立着一座农庄,心想:"要是这家人能够允许我住一晚就好了,我的肚子已经饿得咕咕叫了。"

"咚咚咚……"小克劳斯走上前轻轻地敲农庄的门,门开了,农妇走了出来。

"请问,我可以在您家里住一晚吗?"小克劳斯问。

农妇回答说:"真是不好意思,我的丈夫不在家。我现在不太方便,我想您还是到别处去看看吧。"

"看来我今晚只能睡在外面了!"小克劳斯失望地说。

农妇心想:"你住在哪里和我有什么关系!"她快速地把门关上了。

透过窗子,小克劳斯看到一位牧师正在屋子里面享受美味,桌子上面摆放着面包、烤肉、美酒。牧师说:"真不好意思,现在已经是下午了,可我却还在这里打扰你。"

"这完全不能够怪您,要是我的丈夫不那么讨厌牧师,也就不会麻烦您总是下午到家里来。"农妇说。

这一切都被小克劳斯看到、听到了。

望着美味的食物,小克劳斯心想:"我多么希望能吃到这样美味的食物,可现在我不得不睡在地上了。"

想到这里,小克劳斯便失望地走开了。他爬到了农庄的屋顶,想要在那里住一晚。没过多久,农妇的丈夫回来了,他骑着马,踩在地面上发出哒哒的声音。

农妇的丈夫看到屋顶上的小克劳斯,不禁吃了一惊:"喂,朋友,你为什么要爬到屋顶上,屋顶那么高,看起来太危险了,拜托你快点下来。"

听到农夫的话,小克劳斯高兴地从屋顶上爬了下来。他把农夫妻子拒绝自己的事情告诉了农夫。

"要是那样,就请你随我来吧,我想现在我的妻子一定会让你留下来的。"农夫说完,便请小克劳斯走进了屋子。

"亲爱的丈夫,您一定累了、饿了,请快进屋吧。"农妇说。

这时,屋里面只剩下农妇一个人。原来,听到院子里响起了马蹄声,农妇便让牧师躲进了一个箱子里,把美味的食物藏在了烤炉里面。

这一切完全被小克劳斯看在眼里。农夫刚刚坐下,农妇便端上了稀饭。尽管只是稀饭,农夫依旧很欢喜,因为他的肚子已经饿很久了。

可是,小克劳斯却十分想吃他看见的那些美味。

"我要怎样做,才能让美味从烤炉里面走

出来呢？"小克劳斯小声嘀咕着。

"我真笨，我手里不是有一张马皮吗？现在该把它派上用场了。"忽然，小克劳斯想到了一个聪明的办法，他拍着脑袋说。

小克劳斯把马皮踩在脚底下，发出嘎吱嘎吱的声音。农夫似乎听到了什么，于是他惊奇地问："你听到什么奇怪的声音了吗？"。

小克劳斯回答说："当然了，我不仅听到了声音，还知道声音是从哪里发出来的。"

"哦，要是那样，你就快说说吧，我的好奇心已经完全被你勾起来了。"农夫急切地想知道那个奇怪的声音是怎么回事。

"我袋子里装着一位魔法师，他不仅能够变出美味的食物，还能够变出一位长得像极了牧师的魔鬼，他似乎有话要对我说。"小克劳斯说。

"你说的话可是真的？要是你说的话是真的，那么魔法师有没有对你说，这些东西在哪里？"

农夫问。

"我仔细听一听,哦!魔法师在说'烤炉里有美味,箱子里有魔鬼。'"小克劳斯回答说。

对于小克劳斯的话,农夫心中仍然有一丝怀疑。于是,他打开烤炉,想要看看小克劳斯所说的话到底是不是真的。

烤炉被打开了,农夫看到了里面的面包、烤肉还有美酒,他高兴地说:"朋友,现在我们可以享受美味了!"

"我真高兴我们能够享受美味,不过我们还没有见过那位像极了牧师的魔鬼呢,难道你就不想见一下他吗?"小克劳斯说。

农夫惊奇地说:"哦,我竟然把魔鬼给忘了,我真想看一看。"

于是，农夫打开了箱子，果然在里面发现了牧师。

农夫赶走了"魔鬼"，对小克劳斯说："现在看来，你袋子里装着的魔法师简直太神奇了，我多么希望这位魔法师能够属于我。"

小克劳斯说："要是你喜欢我袋子里装着的魔法师，我倒可以把他送给你，不过你要给我一斗钱作为报酬，要记得把斗完全装满。"

农夫答应了小克劳斯的要求。很快，农夫便给了小克劳斯满满一斗钱，那位神奇的魔法师就这样到了农夫手中。

小克劳斯回到家中自言自语："哦，天呐，我不是在做梦吧，真是没有想到，一张马皮竟然为我换来了一斗钱，不知道分量足不足？我需要到大克劳斯家借斗来称一称。"

为了不让大克劳斯知道自己得到很多钱，小克劳斯只好派了一个孩子到大克劳斯家。"大克劳斯先生，我可以用一下您家的斗吗？"

那个孩子问。

"当然了,你现在就可以拿走了。"大克劳斯说。其实在小克劳斯找孩子帮忙的时候,正巧被大克劳斯看到。他识破了小克劳斯的计谋,决定将计就计。

"我真好奇,小克劳斯到底想量些什么?他可从来就不是一个富有的人!我已经把一些焦油涂在了斗底下,那样我就可以知道他到底在量些什么了。"大克劳斯望着抱着斗离开的孩子说。

没过多久,那个孩子便把斗送回来了。大克劳斯仔细检查了斗,发现有三块银毫粘在了斗上。

"上帝哟,我终于知道小克劳斯为什么要借斗了,我必须要去拜访他了。"大克劳斯望着斗上的银毫说。

他飞快地来到了小克劳斯家。

大克劳斯说:"我亲爱的兄弟,你愿意告诉

我,你最近在忙些什么吗?要是我没猜错,你最近一定得到了不少钱吧。"

"尽管我已经很小心了,却还是没能逃过你的眼睛。"小克劳斯吃惊地说,"既然你已经知道了,那我就告诉你好了。你一定没有忘记我的那匹马吧,我的钱便是用那匹马的皮换来的。"小克劳斯说。

"哦,要是那样,我想我也可以得到一些钱了,毕竟我有四匹马的皮可以剥。"大克劳斯说。

第二天,大克劳斯带着马皮来到了城里。

"请看看我的马皮吧,请看看我的马皮吧。"大克劳斯大声喊道。这时候,一个鞋匠看到了马皮。

"这张马皮看起来的确不错,你愿意把它卖给我吗?"鞋匠问。

"当然了，不过你要记得给我一斗钱。"大克劳斯说。

"一张马皮要一斗钱，你简直是疯了，上帝哟，我没有听错吧，看来我必须要让你清醒一下了，让你知道漫天要价的坏处。"鞋匠不满地说。

说完，鞋匠拿着棍子向着大克劳斯的身体狠狠地打过去。

"哎呦，真是痛死我了。"大克劳斯大声喊着，他来不及收拾好马皮，只好独自跑出了城。

小·克劳斯能够用一张马皮换到那么多钱,并不是因为马皮本身值钱,而是因为它其中有"魔法师"这个附加价值。

大克劳斯并不知道这一切,所以当他用普通的马皮也要卖到小克劳斯的"魔法师"马皮的价格时,自然没有人愿意买,甚至还因为这件事引发了矛盾。

小·克劳斯无疑是机智的,大克劳斯无疑是贪婪的、鲁莽的。我们都希望自己的孩子是聪明的小·克劳斯,而不是愚蠢的大克劳斯,但是这些事却不仅仅是期望就能够达到的。

生活中,我们要多培养孩子理性思考的能力、对于事情客观分析的能力以及随机应变的能力。

这些能力虽然不容易培养,可是千里之行,始于足下,一步一步,慢慢积累,终究能够有所收获。

上海市朱心怡爸爸　朱更海

轻松一下 Game

数字代码

同学们,每个数字代表一个汉语,你知道下面的各组数字表达了什么意思吗?写在横线上。

1. 我　　2. 喜欢　　3. 希望　　4. 妈妈
5. 爸爸　6. 有好心情　7. 大海
8. 天天　9. 健康　　10. 真美

527 _____

5316 _____

1349 _____

1386 _____

13486 _____

幸运就在一颗扣子上

在遥远的国度,有一个穷苦的人,他靠做雨伞把手和雨伞扣子为生。

穷人想:"我还从未交过好运呢,贫穷的日子我已经过得太久了!我到底什么时候才能够摆脱贫穷,成为一位富有的绅士呢?"

一天晚上,天上刮起了狂风,穷人家院子里的梨树被风刮倒了。穷人暗暗地想:"或许我可以用这根折断的梨树枝做些什么,我多么希望它能够把好运带到我身边。"

"可这根折断的梨树枝又能做些什么呢?对

了,我不是见到过一些穷苦的孩子吗?我可以为他们做点什么。"他默默地说。

穷人思索了很久,最终决定用折断的树枝做出几个很小的梨子,把它们作为礼物送给孩子们玩。

一天早晨,外面下起了雨,穷人感叹道:"真是个鬼天气!"当他拿起雨伞准备出门时,却发现绑住雨伞的小扣子不见了。

穷人开始到处寻找,可惜找了很久依然没有找到。

"真是糟透了,难道是扣子长了腿,飞走了吗?"找不到扣子,穷人心中不免有些着急,他懊恼地说。

"哎,这可怎么办?外面还在下着雨呢。要是不打伞,恐怕我就会被浇成落汤鸡了。对了,我不是做了一些木梨子吗?肯定还有一些剩下的。或许我可以把它们当扣子!"穷人开心地说。

他马上找出那些小小的木梨子,把它们串在了雨伞上,竟然非常适合。

"上帝哟,要不是雨伞上的扣子不见了,恐怕我还想不出这样好的办法呢,看来扣子丢掉了,也并非是坏事!"穷人庆幸地说。

过了几天,他在做雨伞把手的时候,便尝试着把自己做的小梨子当作扣子放在雨伞上。令他感到意外的是,那些雨伞厂商和买雨伞的人看到雨伞上的扣子非常喜欢。

穷人做的雨伞扣子变得很畅销。越来越多的工厂开始向穷人订购他做的雨伞扣子。

渐渐地,穷人的生活好了起来,他不再是穷人了。又过了一段时间,穷人开起了专门制

作梨子扣子的工厂。现在他还雇佣了许多学徒工。

穷人经常对学徒工们说:"我的好运完全是这棵梨树带来的!真没有想到,幸运可能就在一颗扣子上。"

和爸爸、妈妈一起分享

"穷人运气真是好。"小硕说。

"那是因为他善良,如果当初他没有想到要给孩子们做梨子,也不会有用梨子做扣子的灵感了。"我说。

"确实,可是我帮助希望工程的孩子们,却不是为了换好运气。"小硕认真地说。

我拍拍他的脑袋,告诉他,我一直为他的善良感到骄傲和自豪。我问他,我们要不要也学习一下木雕,既可以锻炼动手能力,也可以把我们的作品送给我们资助的孩子们。

孩子对我的提议很支持,从当年我们做决定到现在已经一年多了,我和小硕能把小木头雕成梨子,我们还会做许多其他东西。我们把这些东西送给亲戚,也送给资助的孩子们,因为我们把他们当作亲人一样。

威海市聂百硕妈妈　耿明慧

小朋友,关于这个故事你有什么话要说,写到下面吧!

_____

_____

_____

填成语

在四字成语中有很多都是由重叠的词语组成的。请同学们将下面的词填出来。

躲躲（　）（　）　　（　）（　）攘攘
干干（　）（　）　　（　）（　）烈烈
日日（　）（　）　　（　）（　）碌碌
（　）（　）正正　　匀匀（　）（　）

整整（　）（　）　　断断（　）（　）
（　）（　）暮暮　　（　）（　）色色
层层（　）（　）　　清清（　）（　）
（　）（　）实实　　（　）（　）业业
明明（　）（　）　　密密（　）（　）

你还知道哪些类似的成语，写在横线上。

_____

_____

乌鸦喝水

有一只乌鸦在天空中不停地飞,他几乎一整天没喝到一口水,现在他的嗓子已经干得冒烟了。

他喃喃地说:"上帝哟,我多么希望能够喝到一口水,要是还喝不到水,恐怕我就要渴死了!"

为了寻找到一口水喝,乌鸦一会儿飞到这里,一会儿又飞到那里,就好像无头的苍蝇一样到处乱飞。

不知过了多久,也不知道乌鸦到底去过哪

些地方,他已经累得连翅膀都抬不起来了,疲劳和饥渴正在折磨着他。

尽管乌鸦找了很久,可还是连水的影子都没有发现。乌鸦依然不愿放弃。

他暗暗地鼓励自己,说:"我想我一定能够找到水。水不过是在和我玩捉迷藏,等它玩累了就会出来了。"

想到这里,乌鸦又重新鼓起勇气,抖擞翅膀,继续起飞,重新开始寻找水的痕迹。

当他飞到一个村口时,发现路边刚好有一个水罐。乌鸦高兴地朝着水罐的方向飞去,他惊奇地发现水罐中还有半罐水。

"上帝哟,感谢您的眷顾,我终于找到水了,真希望我能够痛痛快快地喝上一口。"他自言自语地说。

当乌鸦张开嘴巴准备喝水时,问题出现了。水罐的瓶口实在太小了,乌鸦的嘴巴完全不能伸到里面。

乌鸦努力啄着瓶口，感叹道："世界上最悲哀的事，莫过于水罐就在我眼前，可我却喝不到里面的水。"

尽管乌鸦喝不到水，心里很着急，可他却不愿认输。乌鸦暗暗地想："上帝一定是在考验我了。他思索了很久，终于想出了一个办法。"

乌鸦自言自语："如果我把水罐旁边堆着的小石子扔进水中，水面一定会升高。如果我坚持下去，一定能够喝到水。"

想到这，他便行动起来。乌鸦把水罐旁边的小石子一颗一颗地捡起来，把它们依次扔进水罐中。

水罐里的石子越来越多了，石子快速地沉到了罐底。转眼间，水罐中的

水越升越高,几乎要从罐口溢出来了。

看到梦寐以求的水终于升到了瓶口,甚至就要从水罐中溢出来了,乌鸦高兴地大口大口地喝起来。

和爸爸、妈妈一起分享

乌鸦用它的智慧解除了自己的危难。

生活中，我们也会遇到各种各样的困难，有些人解决了困难，获得了进一步的提升，有些人却被困难绊住，再无力向前。

生活中，当我的孩子遇到困难时，我不会第一时间给他建议，我想要看看他的思考能力和解决办法的能力。

当孩子提出解决办法后，我也不会给出修改意见，我会让他去实践，只要不发生危险，碰壁也是人生的一种经历。

最后，如果孩子的方法执行不下去，我会让他自己总结，找出不足，调整方法。

这个过程虽然很漫长，实施起来也比较麻烦，但是我依然尽量坚持下去。看着孩子像小大人一样思考分析的时候，真是让人觉得十分欣慰。

齐齐哈尔市燕翔睿妈妈　李云霞

小朋友，关于这个故事你有什么话要说，写到下面吧！

_____

_____

_____

_____

轻松一下 Game

推理小游戏

下面有两道关于数字的题,你能算出来吗?

1. 娜娜的妈妈今年40岁,娜娜今年12岁,问多少年后妈妈的年龄是娜娜的2倍?

2. 仔细观察下图的数字,然后填上正确的数字。

2	1	9
6	5	3
4	3	?

答案:1.16年;2.6,因为每一行的数字都是由三个数字与它的乘积组成,所以答案是6。

跳高者

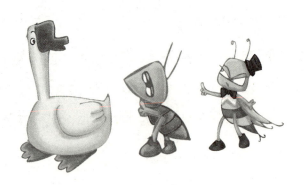

一天，跳蚤、蚱蜢和跳鹅在房间里争吵了起来，他们都是弹跳高手，他们都认为自己是跳得最高的动物。

跳蚤对蚱蜢和跳鹅说："或许我们应该举行一场像人类那样的跳高比赛，恐怕只有这样，才能看出我们三个到底谁跳得最高。"

"真是个不错的主意，那我们现在就开始吧。"蚱蜢对跳蚤的话表示赞同。

可跳鹅却不这样认为，他说："我认为应该找一些人为我们见证，只有这样得出的比赛结果，才能够称得上公平。"

于是，他们三个找了许多人前来观看比赛，就连国王和公主都禁不住好奇赶来了。

国王看到人山人海的情景，兴奋地说："你们三个谁跳得最高，谁就可以成为我女儿的丈夫！"

比赛在一个看起来很特别的房间里举行。跳蚤最先出场了，只见他举起手臂向人们敬礼。

随后，蚱蜢也出场了，穿着一件绿色的外套。虽然他的样子看起来略显笨拙，但是他用优美的嗓音说："我多么希望把我的歌声带给大家，如果我获胜，我会为大家高歌一曲，你们听到我的歌声，心情一定会十分愉悦，请各位记住我。"

最后，跳鹅也出场了，他似乎很骄傲，并不愿意对人们说什么。在他看来，这世上最厉害的跳高选手莫过于他自己了。

人们窃窃私语地议论起来。

"跳鹅是来自一个十分高贵的家庭。"

"跳鹅有预见的天才!"

"只要看看它的脊背就能预知冬天是温暖还是寒冷。"

"这一点人们是无法从写历史的人的脊背上看出来的。"

这时,老国王说:"比赛就要开始了,我在一旁静静地观看,我想我已经猜到这场比赛将会是怎样的结果了。"

"真是令人期待啊,他们三个到底谁能跳得最高?但愿这是一场十分精彩的比赛。"场下的人们纷纷议论起来。

在人们的议论声中,一场激烈的跳高比赛开始了。

跳蚤第一个跳了起来,他跳到了一个人们完全注意不到的地方。尽管他跳得很高了,却没有人发现他到底跳到了哪里,于是,人们都说他根本没有跳。

随后,蚱蜢也跳了起来,他嗖地一下跳到了国王的脸上,国王生气地说:"这只蚱蜢简直太可恶了。"

现在只剩下那只十分骄傲的跳鹅了,他还没有开始跳,场下的人们就已经迫切地想要知道,那只跳鹅会跳到哪里去。

跳鹅不慌不忙地站在地上,好像在思索着什么,一直过了很久,他都没有开始跳跃。

"难道他完全不会跳吗?真是让人感到失望,这场比赛简直太无聊了!"场下的人们纷纷议论起来。

就在人们对比赛感到失望的时候,跳鹅笨拙地

跳了起来。他很轻松地跳到了公主的膝上,那时候公主正好坐在一个看起来并不高的金凳子上。

国王说:"比赛结果终于出来了,尽管跳鹅跳跃的样子有些笨拙,可他却是所有跳高健将中跳得最高的,大家想想看跳到公主身上还不算跳得最高吗?他是一只多么富有智慧的鹅呀,现在我宣布他就是我女儿的丈夫了。"

跳蚤和蚱蜢听到这样的比赛结果,不禁难过起来。

跳蚤气愤地说:"尽管我已经跳得很高了,可是由于我的身材太小了,没有人

看见啊!看来在这个世界上,想要引起别人的注意,就必须要有高大的身材。"

不久,跳蚤报名加入了一个外国兵团,人们说他在一场惨烈的战争中牺牲了。

那只蚱蜢在比赛过后,来到了田野中,他坐在田野里放眼望去,一会儿看看蓝天,一会儿又看看白云,他感慨地说:"高大的身材虽然很重要,但更重要的是要有聪明的头脑。"

和爸爸、妈妈一起分享

"为什么跳蚤和蚱蜢也跳得很高了,国王却不承认它们的成绩呢?"文文问我。

"因为国王说过了,比赛的优胜者就能娶公主。可是跳蚤和蚱蜢都太小了,怎么能当公主的丈夫呢?所以即使它们跳得比跳鹅高,国王也不会承认的。"我解释说。

"国王真是不公正,真对不起大家对他的信任。"文文说。

我告诉她,人终究不是机器,有情感就难免会被影响。跳鹅因为身材适中,成为冠军,当然有运气的成分。但是跳鹅跳到了公主膝盖上,赢得了公主的心,也是它聪明的部分。

我们身边成功的人,许多都是既有运气又有才智的。这不就是相同的道理吗?

青岛市郑舒文妈妈　李晴晴

小朋友,关于这个故事你有什么话要说,写到下面吧!

轻松一下　　**Game**

补充歇后语

下面给出了歇后语的一部分,请将它们补充完整。

1. 兔子尾巴——(　　　　　　)
2. 老虎屁股——(　　　　　　)
3. 老鼠过街——(　　　　　　)
4. 对牛弹琴——(　　　　　　)
5. 井底青蛙——(　　　　　　)
6. 打破砂锅——(　　　　　　)
7. 和尚打伞——(　　　　　　)
8. 芝麻开花——(　　　　　　)
9. 八仙过海——(　　　　　　)
10. 狗捉耗子——(　　　　　　)

答案:1.长不了;2.摸不得;3.人人喊打;4.白费劲;5.目光短浅;6.问到底;7.无法无天;8.节节高;9.各显神通;10.多管闲事。

聪明的格蕾特

很久以前,有一位非常聪明的女厨师,她的名字叫格蕾特。

格蕾特总会说:"要是不品尝一番,恐怕就不会知道饭菜的味道到底如何了!"于是,她总是在饭菜被端上餐桌之前先品尝一番。

一天,主人对格蕾特说:"美丽的厨娘,今晚我将会邀请两位客人共进晚餐,但愿你能烤出两只最美味的鸡。"

"哦,好的,尊敬的主人。"说完,格蕾特便忙了起来。

没过多久,格蕾特便把两只鸡处理好了。等到傍晚即将到来的时候,格蕾特将准备好的鸡插在铁钎上,放在火上精心地烤了起来。

没过多久,鸡终于被烤熟了,它散发出诱人的香味。

格蕾特对主人说:"尊敬的主人,鸡已经烤好了,真希望客人能够早点来。如果客人来晚了,鸡肉恐怕就不会像现在这样美味了。"

"要是这样,我真应该快点把他们请来!"主人说。

说完,主人便走了。天渐渐黑了,时间过去很久了,主人还没有回来。

格蕾特走到窗前,向外望去,周围一片黑暗,几乎看不到人的踪影。她暗暗地想:"我已经在火炉边等很久了,这里简直太热了。我真应该到地窖里喝上一口酒,凉爽一下。"

于是,她兴高采烈地来到了地窖里,喝起了主人珍藏的美酒。

她一边喝酒,一边说:"上帝哟,感谢您给了我这样的机会,这酒的味道真是甜美,要是只喝一口还真是有点可惜。"

于是,她拿起酒瓶,又为自己倒了满满一杯。喝完了酒,为了不被主人发现她擅离职守,她迅速地走出地窖,回到火炉边。

望着火炉上烤着的两只鸡,她暗暗地想:"也不知道鸡肉的味道如何?或许我应该品尝一下。"

格蕾特小心地撕下一小块鸡肉放进嘴里,尝了起来。

"我真是厉害,能够烤出这样美味的鸡,要是不在这个时候把鸡吃掉,过一会儿,火候就不好了,那真是浪费了美味!"想到这里,格蕾特忍不住,便把一整只鸡吃掉了。

望着火炉边剩下的另一只烤鸡,格蕾特心想:"现在只剩下一只烤鸡了,我也不能放任它被烤焦,变得不好吃呀,不如我把第二只烤鸡也吃掉算了。"

她自言自语地说:"尊敬的上帝,感谢您赐予我美味,要是能够一边吃肉,一边喝酒,该有多好。对了,酒不是被放置在地窖里了吗?主人已经出去很久了还没有回来,即便我多耽搁一会儿,他应该也不会发现吧。好的,就这样办吧!"

于是,她来到地窖里并倒上一杯酒,喝了起来。

"我已经喝得差不多了,也该回到火炉边了。"她暗暗地说。格蕾特又回到火炉边,继续贪婪地吃起了另一只鸡。

就在格蕾特几乎要把另外一整只鸡吃光时,主人回来了。

"客人就要进门了,格蕾特你快点儿把烤好的鸡端上餐桌。"主人大声说。为了让餐刀变得锋利,他把餐刀放在楼梯上磨了起来。

"咚咚咚……"门外传来一阵敲门声。格

蕾特走上前去打开了门。看到客人就要走进屋了,格蕾特心想:"天哪,鸡肉已经被我吃掉了。要是让主人知道这件事,我恐怕就遇到大麻烦了,现在我真是不知道该怎么样办了。"

她沉思了片刻,对客人说:"你们一定听到磨刀的声音了吧,我的主人是想要留下你们的耳朵。要是你们还不离开,你们的耳朵就危险了。"

"哦,天哪,竟会有这样的事,我想我们还是快点离开吧。"客人听到磨刀的声音,又听到格蕾特的话,害怕地转身就跑。

看到客人越跑越远,格蕾特大声对主人说:"尊敬的主人,恐怕您不能够品尝烤鸡了,更不能了解它们将带来怎样的快乐了。"

主人吃惊地问："格蕾特，你到底在说什么，你都把我弄糊涂了。"

格蕾特回答说："尊敬的主人，美味的烤鸡已经被您请来的客人抢走了，现在他们已经跑到很远的地方去了。"

"实在太过分了！我不能允许这样的事发生！"主人气愤地说。

为了追回烤鸡，他从屋里面跑了出去，冲着客人大声喊道："请给我留一只，请给我留一只！"

客人听到他的话，跑得更加拼命了，他们暗暗地想："我们必须要快点离开这里了，要是我们跑慢了，我们的耳朵恐怕就要有一只留在这里了。"

和爸爸、妈妈一起分享

　　格蕾特用机智帮自己化解了麻烦。试想如果格蕾特没有想到那些把客人骗走的说辞，主人一定会发现她偷吃鸡的事实，然后惩罚她，甚至将她辞退。

　　格蕾特无疑是聪明的，但是她的做法却不值得提倡。她的做法为她的主人带来了麻烦。

　　既然她作为仆人，就应该认真完成自己的工作，而不是由于自己的贪婪和无知闯下祸端，然后再用欺骗的方法掩盖错误。

　　生活中，孩子做错了事，如果他主动承认错误，我会根据情况，尽量原谅他，但如果他试图用撒谎来掩盖错误，那可是不能被原谅的。

哈尔滨市张子炀爸爸　张云广

小朋友，关于这个故事你有什么话要说，写到下面吧！

 轻松一下 **Game**

成语游戏

将下面的字重新组合，组成六个成语，然后读一读。

1. 五笑二心后口色开体争光来先十非一恐四怀是去大不

一＿＿＿＿　四＿＿＿＿　五＿＿＿＿
口＿＿＿＿　争＿＿＿＿　开＿＿＿＿

2. 目功心见同苦吉劳无广印多甘门无相中大共开人心而识

同＿＿＿＿　心＿＿＿＿　见＿＿＿＿
开＿＿＿＿　目＿＿＿＿　劳＿＿＿＿

答案：1. 一来二去，四体不勤，五光十色，口是心非，争先恐后，开怀大笑；
2. 同甘共苦，心心相印，多见识广，开门见山，目不识丁，劳苦功高。

聪明的小裁缝

从前,在一个国家里住着这样三位裁缝:两位身材高大、手艺精湛,人们叫他们"大裁缝";一位身材矮小,技术平平,人们叫他"小裁缝"。

两位大裁缝很瞧不起小裁缝,经常取笑他身材矮小、一无是处。不过他们的嘲讽并没有让小裁缝的心情变得糟糕,相反小裁缝乐观得很,每天都乐呵呵的。

这个国家里有位非常傲慢的公主,每当有人前来求婚,她都要出个谜语让求婚者猜,猜不对，她就会毫不客气地把他赶走；猜中了，她也不会答应，她会提出更苛刻的要求。

一天，城门贴出了告示：只要能猜中公主出的谜语，公主便会嫁给他。

告示一贴出，就引来了很多居民围观，三个裁缝都决定向公主求婚。两个大裁缝一副志在必得的样子，而小裁缝则表示要顺其自然。

他们来到王宫，公主问道："我的头上有两种头发，它们分别是什么颜色？"两个大裁缝一个说是黑白两色，一个说是红棕两色。公主听后摇摇头说："你们都猜错了。"

接着，小裁缝站出来说："公主头上有一根银发和一根金发。"

公主听了，有些震惊，她对小裁缝说："你猜对了，但你还需要做一件事情，兽栏里有一头熊，你要和这头熊住一夜，如果明天早上你还活着，我就答应嫁给你。"

小裁缝听了公主的话，笑着对公主说："没

问题。"

晚上,小裁缝被送到了兽栏里。熊看到他,立刻扑了上去,"朋友,你一定饿了吧,我可是很饿。"小裁缝边说边从口袋里拿出坚果吃起来。

熊看见了,也要吃,小裁缝便给它一把小石头。熊咬了半天也没咬开。熊命令小裁缝:"你来咬开。"

小裁缝将小石头偷偷换成了一颗坚果咬开了。熊心里有点害怕,他想:"我咬不开的东西,他咬开了,难道他的力气比我大?"

小裁缝又拉起了琴,熊也嚷嚷着要学琴。

小裁缝告诉它:"你的爪子太长了,我得给你修修指甲才能学。"熊不让小裁缝剪指甲,小裁缝丢开熊,躺在角落的一堆稻草上睡起大觉来。

第二天早上,公主发现小裁缝竟安然无恙地站在那里,只好答应和小裁缝结婚。

两个大裁缝对小裁缝嫉妒不已,坏心眼的他们打开了兽栏,让熊跑了出去。

熊气势汹汹地追了上来,小裁缝灵机一动,拿出指甲刀大喊:"你再过来,我可就要给你剪指甲了!"熊吓得立刻转过身逃跑了。

公主被小裁缝的机智勇敢打动了,她与小裁缝顺顺利利地在教堂举行了婚礼,从此过上了幸福的生活。

和爸爸、妈妈一起分享

先来说说两个大裁缝，他们自认为很聪明，瞧不起身材矮小的小裁缝，结果小裁缝凭借自己的智慧，吓退了熊。

这就告诉我们，在评价一个人的好坏时，不能以容貌作为评判的标准。评价一个人要综合很多方面，容貌是一方面，还要看他的性格、品行等。

再来看看我们的小裁缝，他聪明、勇敢，面对生活乐观、积极，遭遇两个大裁缝的嘲讽，面对公主的为难，他都没有悲观、气馁，而是积极地面对困难、克服困难。最后，他得到了公主的认可，和公主幸福地生活在了一起。看来人需要拥有一颗善良、友爱的心，这样幸福才会眷顾我们。

天津市任赫妈妈　张立坤

小朋友，关于这个故事你有什么话要说，写到下面吧！